조선의 어머니,
# 탈무드가 묻다

마음을 여는 자녀 교육

# 조선의 어머니, 탈무드가 묻다

초판 1쇄 인쇄 2008년 10월 20일 · 초판 1쇄 발행 2008년 11월 5일

**지은이** 이순형 · **편집** 박정익 정아사 · **펴낸이** 이동숙 · **디자인** 모현정 이자현 나선영 · **펴낸곳** 루덴스

출판등록 2007년 4월 6일 제16-4168호
주소 서울시 강남구 역삼동 828-8 뉴서울빌딩 402호 · 전화 02-558-9312(3) · 팩스 02-558-9314

값 12,000원 · ISBN 978-89-93473-05-6 03370

ⓒ 이순형, 2008

마음을 여는 자녀 교육

# 조선의 어머니,
# 탈무드가 묻다

이순형 지음

루덴스

# 자녀에게 쏟는 부모의 정성은 보약과 같다

어느 시대 어느 사회나 미래 인재를 육성하는 일은 가장 중요한 국가사업이다. 고대부터 현대까지 어린이를 출산해서 양육하고 공교육 기관에서 교육하는 일은 국가가 나서서 그 방향을 제시하고 가정이나 학교가 따르도록 해야 하는 중요한 국가사업이었다.

조선은 정신을 중시하는 유교국가로서 국민들에게 유학의 도를 가르쳤다. 개인은 학문을 통해 스스로를 수양하여 군자가 되는 것을 목표로 정했고, 사회적으로도 군자에 의한 왕도정치를 지향했다. 이처럼 임금이나 일반 평민이나 지위에 상관없이 근 오백 년 동안 국가의 목표와 개인의 정진 목표가 일관되게 군자를 지향한 사회는 드물다.

4, 5세가 되면 잠자리를 정리하고, 세면하고, 조부모와 부모에게 인사를 하고, 글을 읽는 것으로 하루 일과를 시작하였다. 일찍이 문자 교육을

시작하면서 교재가 정해져 있었다. 글공부 초기교재는 자연과 우주, 사람의 살아가는 법, 선비의 자질, 그리고 선비의 덕목을 갖추는 것으로 구성되었다. 정직, 근면, 절약, 절제, 효와 충성 등은 유아기부터 아동기에 강조된 기본 덕목이었다.

청소년기에는 서당에서 벗어나 공교육이든 사교육이든 교육기관에 들어가면서 선비로서 갖추어야 할 구체적 덕목과 역사, 정치, 군사 등 여러 가지 교과목이 첨가되었다. 이러한 교육목표와 교육과정은 현대에서도 대부분 수용될 수 있는 덕목과 훈육내용이다.

산업화 이후 6, 70년대 서구의 문물이 들어오면서 자유와 탈권위 바람이 불었다. 효는 물러가고 아동의 선택이 존중되었다. 90년대 이후에는 세계화 바람이 불었다. 부모들은 자녀를 국제적 인물로 키울 기회를 놓칠까 걱정하였다. 먹는 것, 입는 것은 이미 미국 아동들과 다를 바 없이 되었다. 놀잇감이나 교육프로그램도 미국, 프랑스, 이태리, 영국 등 좋은 것이라면 어느 나라의 것이든 들여와 교육현장에 적용되었다. 몬테소리, 피아제, 가드너, 비고츠키와 같은 학자들의 교육이론과 프로그램은 물론이고 미국 대학들이 만들어본 완전학습, 열린교육, 하이스코프 등등의 교육프로그램도 들어와 학습현장에 적용되었다. 이처럼 많은 교육이론과 프로그램이 주어져도 우리 아동청소년들의 교육문제는 해결되지 않았다.

부모들은 자녀를 외국의 좋은 교육제도에 진입시키려 갖은 노력을 다하고 있다. 수년 동안 기러기아빠들이 자녀교육을 위해서 혼자 돈을 벌어 외국에 부치고 있다. 너도나도 선진국 교육제도에 진입하지 못할까

불안해하고 있다. 최근 오스트리아 비엔나에는 한국 유학생이 1,200여 명이 되는데, 정규 대학 입학자는 수십 명에 불과하다고 한다. 미국이나 중국에도 엄청난 수의 유학생들이 보내졌는데, 약 10퍼센트 정도만이 정규학교에 등록을 했다는 것이 알려졌을 뿐 실상이 어떠한지는 알 수 없다. 정부든 기관이든 제대로 된 조사 한 번 하지 못한 실정이다. 행여 행성처럼 떠돌며 정체혼란을 겪는 미아를 만드는 데 부모의 희생이 소용된 것이나 아닌지 걱정스럽기조차 하다.

이 책을 준비하면서 어떤 옷을 입든 어떤 음식을 먹든 한국인이듯이 교육내용이나 방법도 한국인의 습성과 문화의 바탕을 무시하고는 제대로 교육되어질 수 없다는 것을 뒤늦게 절감했다. 한국인으로서의 정체성을 형성하는 것이 어떤 교육프로그램보다도 아동이 위기에 처했을 때 그를 지탱해주는 힘이 된다는 사실을 알게 되었다. 정체성은 존재의 본질이자 자신을 지탱하는 지주이다.

그리고 종가에 대한 연구를 통해서 조선의 교육문화가 가정에서, 학교에서 정신적으로 풍부하고 아름답게 꽃피웠었다는 사실을 알게 되었다. 다행스럽게도 조선의 기록문화가 그들이 살아온 삶과 역경과 해학을 어제 일처럼 남겨주었기 때문이다. 조선시대 선비들의 일화를 통해서 그들의 정신적 면모와 자녀교육의 철학, 그리고 교육방법과 기술을 알 수 있었다.

이 책은 어려운 시대에서도 꿋꿋이 자신의 신념을 가지고 살며 위기를 극복한 위인들의 일화를 통해서 그 시대정신과 교육덕목을 살펴보고 오늘을 사는 우리들이 배울 점이 무엇인지를 찾고자 시도했다. 조선시대 아동교육의 덕목은 자조, 배려(돌보기), 책임감, 의리, 성실, 의기·호기, 인내, 정직, 효성과 충성, 지조, 절제 등이다. 흥미로운 사실은 조선사회에서 교육하고자 했던 덕목이 미국의 윌리엄 버네트William J. Bennet가 발간한 책 *The Book Of Virtues; A Treasury Of Great Moral Stories*에서 서구사회가 제안한 덕목과 중복된다는 것이다. 서구사회의 도덕적 덕목은 자조(훈련), 동정심, 책임감, 우정, 일(성실), 용기, 인내심, 정직, 충성심과 신념이었다.

서구사회와 한국사회의 덕목을 비교해 보았더니 하나의 체계로 재구성할 수 있었다. 선비와 위인의 덕목은 지혜, 용기, 의리, 절제, 성실과 관용이다. 여섯 개의 덕목별 조선 위인들의 일화를 찾아서 그에 적절한 아동교육의 철학과 방법이 드러났다.

위인들의 일화 속에 드러난 것은 가정교육에서 위인의 덕목이 형성되었다는 단순한 가르침이다. 위인의 뒤에는 사려 깊은 어머니가 성실하게 살아가는 헌신의 가르침이 있었다. 검소하게 살면서 자녀가 호사를 좋아해 물질의 유혹에 넘어갈 것을 걱정했고, 성실히 살면서 자녀가 공부에 전념하지 않고 학문 추구를 게을리 할 것을 걱정했다. 자녀들은 어머니의 사랑 속에서 정서적 안정을 찾았으며, 어머니의 헌신하는 모습에서 삶의 가치와 교훈을 얻었다.

최근 과다활동장애, 주의집중결핍증, 미소정신장애 등으로 병원을 찾는 어린이가 많다고 언론에 보도되고 있다. 어린 시기일수록 어머니와 아버지의 사랑을 받고 소박한 가정환경 속에서 안정적 생활을 하면서 작은 사물에 주의를 집중하고 의미를 학습할 수 있다. 늘 풍요롭고 화려한 환경에서 성장하는 어린이들이야말로 불필요한 자극을 과다하게 받으며 정작 배워야 할 것을 배우지 못하고 있다. 불모지에 나무가 뿌리를 깊게 내리듯이 결핍 속에서 성취 의지가 강해지는 법이다. 내 자녀에게 더 풍부한 환경을 마련해 주고 싶어서 학원으로 외국 교육기관으로 자녀를 보내는 부모들에게 조선의 어머니를 읽어보라고 권하고 싶다. 가치관 혼란을 겪는 오늘날 우리 사회에서 어린 자녀를 어떻게 가르쳐야 할 것인지 근본 질문을 던지는 부모들에게 조선의 선비 정신이 오늘날 아동 교육현장에서도 적용되고 있다는 사실에 새삼 눈뜨기를 기대한다. 유태인 부모들에게 랍비가 탈무드의 가르침을 전하듯, 우리 부모들에게 조선 위인의 어머니들은 가르침을 전하고 있다. 일상의 생활 속에서 지혜, 용기, 의리, 절제, 성실과 관용을 보여주고 깨우쳐주라고.

2008년 초가을 관악의 교정에서

이순형

차례

## 신뢰를 주고받는 교육

## 성실과 절제를 실천하는 가르침

# 1장
## 모든 교육은 어머니에서 시작된다

# 엄격함과 자애로움의 품성을 지닌 아이로 키워라
## -어머니는 삶의 스승, 김만중의 어머니

예의를 지키는 것은 동서양을 막론하고 사회인으로서 지녀야 할 행동 방식을 규정하는 것이다. 예의를 지키는 것은 두 가지 안전판을 형성해 준다. 하나는 그 집단에 속한 이들과 더불어 우호적으로 살 뜻이 있음을 알리는 것이다. 다른 하나는 상대로부터 호의를 얻어내기 위한 조처이다. 웃음으로써, 인사로써 상대의 경계심을 풀고 자신을 수용해 줄 것을 바라는 것이다.

어려서부터 예의바른 태도를 길러주는 것은 상대로 하여금 기분 좋게 해주어 호감을 가지고 나를 대하도록 만드는 것이다. 예의바름은 그만큼 사람의 마음을 사는 실용적 가치가 있다.

전통사회에서도 그랬지만 요즈음 지나치게 예의를 차리는 것은 그 사람과의 인간적 거리를 멀게 느끼게 하는 것이기도 하다. '과례過禮가 비례非禮'라는 선인의 말이 있다. 예가 지나치면 무례한 것과 마찬가지라는 뜻이다.

김만중은 어머니 윤씨 부인에 대해서 행장을 지어 어머니의 평소 살아가던 모습과 자취를 남겼다. 병자호란 때 강화도에서 일찍이 남편을 여의고 늘 검거나 흰 무명옷을 입고 지냈으며, 잔칫집처럼 즐겁게 웃고 노는 곳에는 가지 않았다. 그리고 언제나 예의를 바르게 지켰지만 과례하지는 않았다. 김만중은 어려서 본 어머니의 정갈하고 엄격하고 자애로운 모습을 행장에서 초상화 그리듯 상세히 그려냈다.

김만중은 청상과부인 모친 슬하에서 컸다. 부친 김익겸은 유명한 유학자로 조선의 정신적 지주를 모신 문묘에 배향된 김장생의 손자이니 김만중은 김장생의 증손자다.

김익겸은 무관으로 종사하던 중에 왕자들을 모시고 강화도로 피난하다가 12월 21일에 강화성이 함락되자 스스로 바다에 몸을 던져 목숨을 끊었다. 인조 14년에 청나라의 12만 대군이 조선에 침입한 병자호란이 일어난 지 일주일 만이었다. 눈이 쏟아지던 겨울날에 개성이 함락되자 이 소식을 들은 둘째 왕자 봉림대군과 셋째 왕자 인평대군이 강화도로 피신을 떠났었다.

그때 김익겸의 아내 윤씨는 남편을 따라서 강화도에 피난 갔다가 강화도가 함락되기 전에 아들 만기를 데리고 친정으로 피신했다. 남편이 자결했을 때 그녀는 스물한 살이었고 만삭의 몸이었다. 남편 소식을 듣고 기절하여 옮기던 중 배 안에서 아들을 낳았는데 그 아기가 김만중이다.

끼니 잇기가 어려운 가난한 살림살이 중에도 어머니 윤씨가 길쌈을 하고 손수 수를 놓아 간신히 생계를 꾸려갔다. 그 가운데에서도 두 아들에게 사서와 경서를 직접 가르쳤다. 원래 어머니 윤씨는 대대로 재상과 판서를 배출한 명문가문의 출신으로 스스로 경서와 사기를 두루 통달하고 있었으므로 어머니가 두 아들에게 소학, 사략, 당시를 가르칠 수 있었다.

평소에는 자상한 어머니지만 공부를 가르칠 때에는 무척 엄한 스승이었다. 아들이 잘못을 저질렀을 때에는 무섭게 매로 다스렸다. 그리고 언제나 아들에게 "너희는 남보다 재주가 한 단계 높아야 겨우 남들과 같은 대열에 들어갈 수 있다. 사람들은 행실이 부족한 사람을 가리켜 '애비 없는 자식' 이라고 한다. 너희는 이 점을 뼈저리게 생각하라"면서 훈계했다.

윤씨는 평생 거친 옷만 입고 살았다. 미망인이라고 자처하여 늘 검은옷과 흰옷만 입었다. 아들이 출세해 정경부인이 된 후에도 소박한 생활양식은 바뀌지 않았다. 윤씨는 잔치집에도 가지 않았다. 흥이 나고 즐거운 일에 나가지 않았다. 즐거운 음악도 멀리하고 늘 조심하고 근신하며 살았다.

가난해서 책을 구하기 어렵자 어머니는 양식이 부족한데도 벼를 팔아서 『맹자』와 『중용』을 사고 손수 짠 명주를 팔아서 『춘추좌씨전』을 샀다. 그리고 시중에서 구하지 못하는, 옥당에나 있는 『사서삼경』 『어해』와 같은 책들은 이웃에 사는 홍문관 아전에게 부탁해 어렵사리 빌려서 한 자도 빼지 않고 밤새 베꼈다. 윤씨의 글씨가 너무도 단아했기 때문에 마치 새 책과도 같았다고 훗날 김만중은 회상했다.

김만중이 채 열 살도 되기 전에 조부와 외조부가 세상을 떠났다. 조부와 외조부가 없고 부친이 없는 가운데에서도 어머니 윤씨의 교육을 받은 두 형제는 출중하게 성장했다. 형인 김만기는 21세에 과거에 합격했다. 김만중은 16세에 진사를 수석으로 합격했다. 그리고 31세에 과거에 장원 급제했다.

형 김만기는 이후 승진을 거듭해 서른다섯 살에 이미 2품에 올랐다. 훗날 그의 큰딸이 숙종 임금의 비인 인경황후가 되었다. 동생 김만중도 과거에 급제한 후 성균관 전적의 벼슬을 시작으로 예조좌랑, 사간언 정언, 사헌부 지평, 홍문관 교리 등을 거치면서 10년 이상 승진을 거듭했다. 어머니 윤씨는 정 1품 대우인 정경부인의 지위를 받았다.

이처럼 승진을 거듭하던 김만중은 당파 싸움 와중에서의 대쪽같은 성격과 바른말이 임금의 비위를 거슬러 귀양을 갔다. 그 후 다시 돌아왔으나 당파 싸움에 귀양을 두 차례나 더 갔다. 김만중은 남해 유배지에서 귀양 간 아들을 걱정하실 어머니를 늘 생각했다. 이야기를 좋아하던 어머니를 위로하기 위해서 「구운몽」과 「사씨남정기」를 썼지만 정작 어머니 윤씨는 이 소설을 읽어보지 못하고 세상을 떠났다. 아들이 세 번째 귀양 간 후 몸져누웠다가 끝내 일어나지 못하고 73세에 세상을 떴다.

극진한 효자인 김만중이 유배지에서 좌절할 것을 걱정해 가족들은 어머니의 죽음을 알리지 않았다. 1년이 지나서 그 소식을 듣고서야 김만중은 기절해 한동안 깨어나지 못했다. 매일 어머니가 계시는 곳을 바라보며 슬퍼하던 김만중은 울면서 어머니의 전기인 「정경부인 윤씨행장」을 썼다. 어머니를 잃고 극히 상심했던 그는 병이 들었고 그 병이 점점 악화되었다. 그리고 모친이 사망한 지 2년 후 56세에 세상을 떴다.

어린 시절부터 어머니의 고생을 보고 성장한 아들이 어머니를 걱정하고 생각하는 지극한 효성을 볼 수 있다. 한 어머니가 기른 두 아들이 장성해서도 어머니의 은혜와 사랑을 죽는 순간까지 간직하고 그린 일생이 한 편의 사모곡이다.

그 후 김만중의 형인 김만기의 둘째 아들 김진규는 할머니 윤씨 부인의 덕행과 탁월한 안방마님으로서의 행실이 자잘한 것이라도 후손들에게 모범이 되기에 충분해서 글로 남긴다는 말과 함께 숙부가 쓰지 않은 일상생활의 상세한 내용을 남겼다.

윤씨 부인은 친정아버지나 시아버지가 시사에 대해 물어보면 그 답변하는 것마다 이치에 합당했고, 미래는 미리 헤아려서 예견했던 바도 나중에 보면 들어맞아 예상과 실제 사이에 괴리가 별로 없었다고 전한다.

윤씨 부인은 옛날 중국 16국의 역사나 남북조 시대의 역사 등에 대해서 학자들도 잘 모르는 것을 환히 알고 있었다고 한다. 김진규는 윤씨 부인이 중국 여러 나라의 건립과 패망, 융성과 쇠락의 원인을 제대로 파악하고 있었다고 말한다. 그런데도 공부할 때 보면 다만 두루 살펴보아서 알 뿐, 소리 내어 읽지는 않았다고 한다. 예지와 통찰력을 지닌 여성으로 공부와 학술토론을 즐겼던 모양이다.

한번은 윤씨 부인의 외숙 홍처후가 찾아와 이야기 끝에 자기가 사는 마을에 목씨 성을 가진 사람이 있는데, 옛날에도 목씨 성을 가진 사람이 있었느냐고 김만기에게 물었다. 그가 『문선文選』이라는 책의 해부를 쓴 사람이 목현허라고 하며 그 외에는 아는 이름이 없다고 말했다. 윤씨 부인이 웃으면서 아들의 대답 끝에 "원나라 채조의 공신에 목화려라는 사람이 있는데 이 이름 세 글자는 중국의 이름이지 성이 아니다."고 했다. 홍

처후가 "요즘 글을 읽는 남자도 목화려라는 인물을 아는 사람이 드문데 더구나 성씨와 이름자를 구분할 줄 안단 말일가?" 하며 감탄했다.

그처럼 현철한데도 불구하고 윤씨 부인은 생각이 깊고 말이 적어서 아들 김만기, 김만중 형제가 벼슬할 적에 조정의 일을 묻지 않았고, 집안에 관보와 관리 임명장이 있어도 가져다 보지 않았다고 한다. 스스로 나서서 자신의 지식과 생각을 아들에게 가르치려 하거나 그가 하는 일을 간섭하려 하지 않은 것이다.

윤씨 부인은 언제나 송나라의 학자이자 정치가였던 구양수의 어머니가 일찍 홀로되어 수절하면서 아들을 잘 키운 것을 칭찬했다. 그리고 소동파의 여덟 형제가 모두 어진 것을 감탄했다.

윤씨 부인은 여러 차례 주위의 가까운 사람들이 죽는 것을 보면서 그 슬픔이 쌓여 몸이 쇠약해지고 병이 들었다. 그런데도 정신력은 남달리 뛰어나 총명함은 약해지지 않았고 눈동자도 초롱초롱해서 등불 아래서 작은 글씨도 읽을 수 있었다. 어린 시절에 배운 글을 모두 기억했고, 병에 시달리면서도 늘 책을 읽었다. 죽기 한 달 전까지 손자들에게 글을 가르쳤다.

총명하고 명석한 데 그치지 않고 윤씨 부인은 자애롭고 어질었다. 한번은 어린 병아리의 가련함을 보고는 세상을 뜰 때까지 닭고기를 입에 대지 않았다. 그 어린 병아리가 점점 닭으로 자라는 모습을 보면서 어찌 먹을 생각을 할 것이냐고 반문했다. 봄이 되어 나무나 꽃나무에 어린 새싹이 돋고 꽃이 필 때 아이들에게 꺾거나 어린잎을 다치지 말라고 늘 훈계했다. 윤씨 부인은 평소 자손들에게 말했다.

“나는 세상의 부녀자들이 자기 부모 사랑하는 그 마음을 시부모 사랑하는 마음으로 옮기지 못하는 것을 유감스럽게 생각했다. 나는 젊은 시절에 이 마음만은 혼자서라도 다하려고 맹세했는데 타고난 운명이 불행해 시부모님이 모두 일찍 돌아가셔서 마음을 다하려 해도 할 수 없었다.”

그러나 늙어서는 며느리가 자신만을 위하는 것을 원하지 않았다. 큰 며느리에게 말했다.

“나는 세상의 야박한 풍속을 싫어한다. 어떻게 며느리가 오로지 나만 받들기를 바라겠느냐? 더구나 친정의 어머니가 늙으셨고, 아들과 딸에 우리 며느리까지 고귀해졌다. 마땅히 두 노인을 고르게 봉양해야 한다. 한 가지 음식이라도 반드시 나누어 드시게 해야지 나만을 봉양해선 안 된다.”

며느리에게 시어머니만이 아니라 친정어머니를 똑같이 봉양하라고 명한 것이다. 야박한 풍속이라고 지적한 당시 풍습에 시부모만을 잘 모시도록 한 분위기에서 스스로 며느리에게 그처럼 명한 것이다.

윤씨 부인은 친정어머니가 임금의 딸이었으니 비교적 유복한 가정에서 성장했다. 시집와 가난한 삶을 살면서도 친정이야기를 하지 않았다. 김진규는 당시 윤씨 부인이 살던 집이 매우 좁고 부서지고 무너지고 했으나 친정집 생각을 전혀 하지 않았다고 전한다. 후에 정경부인에 봉해졌을 때에도 젊어서 가난하게 살던 모습과 달라진 것이 없이 소박하게 살았다. 거처하던 방에 옛날 사용했던 휴지를 가지고 장막으로 사용했다. 그것이 해지고 더러웠어도 바꾸지 않았다. 후에 사돈이 딸의 신혼살림을 보러갔다가 시어머니인 윤씨 부인의 방을 보고서 매우 감탄했다고 한다.

"정경부인인 존귀한 분도 이렇게 검소하게 살았으니…… 참으로 세상에 드문 일이다."

추울 때 입으시라고 아들이 짧은 털 웃옷을 드려도 윤씨 부인은 어쩌다가 한두 번 입었다.

"너의 정성을 외면하지 못하여 억지로 잠깐 입어보지만 내 성미는 아름다운 의복을 좋아하지 않는다."

아들이 어려서는 늘 흰 옷과 검정 무명옷을 입은 어머니만 보아왔을 뿐이니 그 모습이 마음에 걸려서 늙은 어머니가 추위에 떠실까 모피를 사 드린 것이다.

이미 왕실과 혼인을 맺어 궁중 출입이 허용되고 조정에서 모피 모자까지 하사했으나 그 모자를 보이지 않게 감추어 두고는 쓰지 않았다. 아들이나 손자들이 왜 그러느냐고 물으면 "임금님의 하사품이니 귀하게 여겨 공경스럽게 대해야지 어떻게 감히 함부로 쓰겠느냐?"고 하였다. 윤씨 부인은 평상시에 음식이나 의복은 모두 옛날을 따르게 하였다. 궁중과 혼인이 맺어지면서 집안사람들을 더욱 경계하고 가르쳐서 색다른 음식이나 기이한 옷에 마음을 쓰지 못하게 하였다.

윤씨 부인은 자손들에게도 늘 검소한 생활을 하도록 가르쳤다. 손자 김진규가 옷에 구멍이 나서 아내에게 깁게 했더니 그 아내가 옷을 깁기 어려우니 입지 말라고 말했다. 윤씨 부인이 그 말을 듣고는 손자며느리에게 말했다.

"부인은 마땅히 검소하게 살아서 남편을 도와야 한다. 세상의 화려하고 사치한 풍속은 삼가고 본받지 말아야 한다. 알지도 못하는 사람들이 대장부 옷을 기워 입었다고 비웃은들 무엇이 부끄러울 게 있느냐? 곧바로 우리 손자의 옷을 깁도록 하거라.”

그때서야 손자며느리가 그 말을 따랐다. 윤씨 부인은 손자에게 당부했다.

“너는 과거에 급제했지만 옷은 전에 벼슬하지 않던 때를 넘겨 입지 말아라.”

과거에 급제한 손자도 이전처럼 소박한 옷차림을 하게 했다. 아들 김만기가 과거에 급제했을 때에도 기쁜 모습을 보여준 것이 아니라 오직 고명한 관리가 되라고 훈계했을 뿐이다.

윤씨 부인은 재산을 공동상속하고 제사를 여러 형제들이 돌리던 당시 풍습이 마땅치 않다고 말했다. 윤씨 부인의 친정에서도 자녀 수대로 재산을 나눠 상속하는 균분상속을 했다. 윤씨 부인이 홀로 그 상속법이 옳지 않다고 여겨 재산을 나눌 때 자신에게 박하게 나누고 종가의 아들에게는 넉넉하게 재산을 주어 제사를 그곳에서 받들도록 했다. 이러한 생각과 행동은 당시 관습과 제도를 뛰어넘는 행동으로 참으로 바르고 현명한 것이었다. 윤씨 부인의 명석함과 현철함은 말할 것도 없으며, 그 맑은 본성과 더불어 현명한 처신과 가르침이 조선 여성의 모범이 되었다.

스스로 지혜의 원천이 되어
어머니를 보고 배우게 하라
-조선의 퀴리 부인, 서영수합

아스라이 먼 곳에 인가가 있어

아련히 마을 연기 피어오르고

동네 안에서는 개 짖는 소리

뽕나무 위에서는 닭 우는 소리

집안에는 번거로운 일이 없고

텅 빈 방 안에는 한가함 있어

오랫동안 새장 속에 갇혀 살다가

이제야 다시 자연으로 돌아왔네

-전원으로 돌아가리, 도연명


　　서영수합은 강원도 관찰사를 지낸 부친 서형수와 모친 안동 김씨 사이
에서 태어났다. 영수합은 어려서부터 성품이 맑았다. 그녀는 글 읽기를

좋아했고 특히 시를 좋아해서 도연명의 '전원으로 돌아가리'(歸田園居)를 암송하곤 했다. 14세에 집안에서 정한 영의정 홍낙성의 둘째 아들 홍인모와 혼인해 3남 2녀를 두었다.

서영수합의 집안은 시가나 친정이나 모두 명망 있는 양반가였다. 할아버지는 이조참판을 지내고 아버지는 강원도 관찰사와 이조참판을 지냈다. 시가에도 시아버지 홍낙성이 영의정을 지내는 등 재상을 여럿 배출한 가문이다.

영수합의 시아버지 홍낙성은 문과에 급제해 벼슬길에 올라서 좌의정, 영의정까지 올랐다. 그는 성격이 청렴하였다. 정사를 공정하게 돌보고 개인 사정을 보아주지 않았으므로 그 집 앞에는 사람과 말의 그림자도 비치지 않았다. 백성들이 홍낙성의 너그러움과 높은 덕을 칭송했다고 실록과 일성록 등에 전한다. 시아버지의 인품이 훌륭했던 것은 그에 그치지 않고 대를 이었다. 영수합의 남편 홍인모도 벼슬길에 올랐다. 그는 성품이 소박하고 강직하여 권세 있는 사람들과 사귀기를 즐기지 않았다. 그리고 그는 항상 가난했다.

영수합은 어릴 적부터 영특하고 글 배우기를 좋아했다. 증조할머니 이씨 부인이 손녀를 예뻐하면서도 항상 "여자로서 글 잘 하는 사람은 대부분 팔자가 좋지 못하다" 하면서 글 배우기를 금했다. 그렇지만 영수합은 남자 형제들을 따라 다니면서 글공부를 하여 시집오기 전에 경서를 모두 읽었다. 상고시대부터 우리나라 역사에 이르기까지 정치를 잘 했거나 못했던 것, 군자와 소인의 나아가고 물러감의 행동에 대해서 잘 알았다.

영수합이 일단 말을 하면 너무나 뛰어나서 사람들을 놀라게 했지만 친정의 부모나 형제 사이의 대화가 아니면 한 번도 문자에 대해 말하지 않았다고 한다. 영수합이 군자와 같은 언행을 하는 것을 보고서 부친은 재주 있는 딸이 아들로 태어나지 않은 것을 한탄하였다. "내가 장부 아들 셋을 두었으나 오히려 네가 사내로 태어나지 못한 것이 한스럽구나" 하고 말했다.

서영수합은 아름답고 품격 높은 시와 문장을 쓸 수 있는 선비의 반려자였다. 남편 홍인모에게 과거 공부보다 타고난 품성을 그대로 기르는 것이 낫다고 권했다. 남편은 아내의 권유를 받아들여 진사시에는 합격했으나 그 이상 시험을 치르지 않았다.

영수합은 결혼 초기에 숨겼던 학문적 재능을 10여년의 세월이 흐른 뒤에 남편의 권유로 내어 놓았다. 그녀의 작품 192편이 남편 홍인모의 시집 『족수당집 6권』에 「부영수합고」라는 이름으로 실려 있다. 당시 여류 한시인들의 작품이 자신들의 불행한 삶에 바탕하고 있는 데 반해 서영수합은 유교적 덕목에 의한 자기 수양이나, 자녀에 대한 사랑, 남편의 부임지에서의 생활과 주변 모습 등을 시 속에 담아 시재와 풍격 면에서 새로운 경지를 개척했다는 평가를 받는다. 글짓기와 책읽기를 즐겨 간혹 새벽별이 뜰 때까지 잠을 이루지 않았다고 한다.

청절한 거문고 소리 돌고
창망한 검기는 비었는데
매화는 사흘 내린 눈에 쓰러졌고
달은 한 침상 하나 가득한 책을 비추고 있네

여린 불로 천천히 차를 달이고

술을 덥히니 희미한 향기 남아 있네

흐린 등불 옛 벽에 걸어 놓으니

반짝반짝 새벽빛이 느리게 오는구나

-겨울밤 책을 읽다

결혼 후 10년 동안 왜 자신의 능력과 학문의 수준을 알리지 않았을까. 시가 사람들이 영수합을 마음으로 받아들일 때까지 기다린 것이다. 경전을 읽어 박학한 부인이나 며느리를 흔쾌히 받아들일 수 있는 사람들인지를 가늠해 보았는지 모른다. 그 엄청난 절제력은 지혜로움의 반영이다. 자신의 재능을 드러내고자 하는 설익은 욕구 때문에 많은 사람들이 주위 사람들의 심기를 불편하게 해서 갈등을 초래했다고 영수합은 생각했는지 모른다.

그녀는 타고난 천재적 재능을 가지고 있었고, 그것은 수학적 재능에서 두드러졌다. 영수합은 복잡하고 어려운 수학공식을 간편히 푸는 방식을 스스로 생각해냈다. 개평방 방정식, 삼각형 등 어려운 수학공식을 일반인들이 이해하기 쉽게 풀어냈다. 기초 수학을 배운 사람도 아니고 누구한테서도 그러한 교육을 받은 적이 없었을 터인데 마치 고대 이집트나 바빌로니아 사람들이 수학방정식을 생각해냈듯이 영수합은 방정식을 생각해냈다.

제도가 여성을 일상사에 가둬 두어도 넘치는 재주를 막을 방도가 없었다. 영수합은 조선시대 여성으로서 그 시대가 여성에게 요구하는 길을 불평없이 걸어갔다. 가난한 선비의 아내로서 많은 식구들을 위해 끊임없이 일했다. 부모를 공손하게 마음을 다해 모셨으며, 여러 명의 자녀를 정성을 다해 길렀다. 그 길고 지리한 과정 속에서 타고난 재주가 마모되었을 법한데 영수합은 재주를 가슴 속에 묻어두고 있었다. 그리고 긴 세월 동안 이제 한 가정의 주부로서 생활을 이룬 후에 감춰두었던 재능을 내놓은 것이다.

영수합이 딸을 키울 때 어떻게 교육했을 것인지 추측해 볼 수 있다. 재주를 미리 내보여 사람들을 놀라게 하거나 미리 견제하도록 만들지 말라. 세상이나 가족이 기대하는 유가의 주부의 삶을 산 후에 그래도 남아 있는 재주가 있다면 그때 내어놓거라. 너보다도 남편을 정진하게 하라. 그리고 너의 아들들을 군자로 교육하라. 주위 사람들의 기대와 달리 행동하여 그들을 당황하게 만들어 너를 비난하게 만드는 것은 어리석은 일이다. 재주를 감추고 그들이 마음을 열어 너의 재주를 기뻐할 날을 기다리라. 대체로 이러한 교훈을 말해주지 않았을까.

영수합은 사회나 가정이 요구하는 것이 무엇인지를 잘 알고 있었다. 그녀는 시집와서 10년 동안 글을 안다는 것을 시댁식구들에게 내색하지 않았다. 시댁의 생활문화에 익숙해지고 자녀를 출산하고서야 비로소 글을 읽는다는 사실을 남편에게 알렸다. 그 후 남편에게 시문을 나누는 이상적 벗이자 조언을 하는 아내가 되었다. 그리고 자녀들에게는 자상한 스승이었다. 그녀는 자녀들에게 직접 글을 가르쳤다. 후에 당대의 대문장가로 이름을 떨친 석주, 길주, 현주, 딸 유한당 홍씨 역시 시재가 뛰어났다. 잠자리에 들 때에는 자녀들에게 조용히 경전을 읽어주고 시문과 격언을 들려주었다. 그녀는 문장과 수학에 뛰어난 스승이자 어머니였다.

영수합은 냉철하고 합리적인 사람이었다. 굿과 같은 미신을 믿지 않았다. 큰아들이 여러 달 병으로 고생하거나 셋째 아들이 병으로 생명이 위태로울 때조차 주위에서 무당을 불러서 굿을 하라는 말을 듣지 않았다. 이처럼 합리적이고 과학적인 생활태도는 학문을 통한 선비 정신에 기인한 것이다. 그녀는 여성 군자였다. 군자로서의 삶의 철학과 방식을 자녀들에게 가르쳤다.

한 번은 아들 홍석주가 1809년 서장관이 되어 청나라 연경에 갈 때였다. 영수합은 항상 경을 지니고 얼음 밟는 조심스런 마음가짐으로 덕을 쌓으라는 뜻의 시를 지어주었다. 중국 고전부터 조선 유학자들이 늘 성실함과 삼감을 가르쳐왔다. 영수합도 출세한 아들에게 오만한 마음을 가지지 않고 맡은 바 임무에만 충실하라고 가르쳤다.

영수합은 평생 검소하게 살았다. 부귀영화는 화의 근원이라고 생각하여 자녀들에게 항상 성실하고 검소한 생활을 지키도록 가르쳤다. 어머니의 가르침을 받아서 홍석주는 침착하고 근면하며 항상 검소하였다. 높은 직위에 있을 때도 아무것도 없는 사람처럼 생활했다고 실록에 전한다.

셋째 아들 홍현주가 과거에 급제하여 벼슬에 오르고 정조임금의 사위가 되었을 때 영수합은 검소해야 할 아들이 행여 사치에 빠지지 않을까를 염려했다. 그래서 임금이 사위에게 하사한 비단옷을 집에서는 일체 입지 못하도록 엄하게 금했다. 사치와 방만이 본인을 망치고 가문을 망치는 것이라고 생각했기 때문이다. 어머니의 엄격한 가르침을 받은 아들이 검소하게 생활했음은 두 말할 필요가 없다.

# 매사에 만족하고 감사할 줄 아는 삶을 살게 하라
## –이재의 어머니 민씨 부인

조선 후기의 학자 이재의 어머니는 늘 생활의 바른 자세를 보여주어 아들에게 삶의 모범이 되었다. 이재는 다섯 살에 아버지를 여의고 홀로 된 어머니 슬하에서 성장했다. 어머니 민씨 부인은 민유중의 딸로 숙종 임금의 왕비인 인현왕후의 친언니였다.

이모는 왕후이고 할아버지는 좌의정을 지냈고 외숙들이 정승과 판서를 지냈다. 외할아버지는 부원군이었고 외할머니는 송준길의 따님이었다. 이처럼 유학자와 왕가의 대단한 어른들 속에서 이재가 태어나 성장하였으니 자칫 부귀한 가정의 문제아가 될 수 있었다. 그럼에도 그 아들이 훌륭하게 성장한 것은 민씨 부인의 현명한 교육이 있었기 때문이다.

민씨 부인은 태어나서부터 영특하여 주위 사람들을 놀라게 했다고 한다. 외할아버지인 송준길이 타고난 천성을 보고서 감탄해 글을 지어 주었다.

　부모의 이른 교훈도 있었겠지만
　총명함이야 본래의 네 성품이로다


　좌의정을 지낸 이숙과 정승 민유중이 절친해서 두 사람이 혼인을 언약하였다. 15세 때 혼인을 했는데 민씨 부인의 외모가 아름답고 덕이 있어서 집안에서 경사났다고 좋아했다고 전한다. 송시열도 친정어머니 상을 당했을 때 가서 민씨 부인을 보고서 그 언행에 법도가 있음을 보고 집에 돌아가서 칭찬했다고 한다. 오랫동안 아기가 없으니 시부모가 "우리 며느리가 어지니 다행히 사내아이만 두게 된다면 우리 가문의 큰 복이다" 하고 말했다. 마침 이재가 태어나 주위 사람들을 기쁘게 했다.

　결혼 10년 되던 해에 남편이 돌아가자 주변 사람들이 걱정을 했다. 그러나 민씨 부인은 스스로 슬픔을 거두고 나서 "나에게 어린 자식이 있으니 길러 성취시켜 선대의 제사를 모시는 것이 나의 책임인데 어찌 지나친 슬픔으로 몸을 상해 죽을 작정을 할 것인가?" 하고는 장사지내는 물건을 일일이 챙겨 처리했다. 시부모에 대한 효성이 지극하고 아들을 자애롭게 길러 시부모와 집안사람들이 모두 기뻐했다고 전한다.

　시어머니가 돌아가시고 계시어머니가 들어오니 시아버지가 며느리를 가리켜 "우리 며느리는 여자선비입니다. 당신이 스승으로 삼아야 합니다"라고 말했다고 전한다. 2년 후 시아버지가 돌아가시고 동생인 인현왕후가 궁에서 쫓겨나자 민씨 부인은 가족을 이끌고 고양 화전의 농장에 나와 살았다.

어린 아들이 부지런히 공부를 하지 않자 민씨 부인이 울면서 "남편도 없이 미망인이 되어 오직 너 때문에 목숨을 부지하고 있다. 아들이 있으나 배우지 않으면 없는 것보다 못하다"고 말했다. 이재가 우는 어머니를 보고서 자극을 받아 학업에 열중했음은 두 말할 필요가 없을 것이다.

이조판서를 지내던 작은아버지 이만성이 이재를 교육했다. 작은아버지가 매우 엄격해서 공부를 가르치다가 잘못하면 회초리로 매우 아프게 때렸다. 민씨 부인은 아들이 아프게 매를 맞고 신음해도 조금도 안타깝거나 언짢은 기색을 보이지 않았다. "이런 일은 보통 부인들에게서는 볼 수 없는 일인데…… 형님도 안 계신 우리 형수님만은 매를 맞는 아들을 보고도 아무렇지 않게 넘기셨다"고 시동생이 감탄했다.

이재는 어머니가 늘 부지런히 길쌈하는 일을 해서 젊어서부터 늙을 때까지 잠깐이나마 스스로 편히 지낸 적이 없다고 회고했다. 손으로 목화를 정리하며 꽃가지를 가지고 책 권수를 세게 하고 밤새도록 책읽기를 권해서, 어리석고 아둔한 자신이 학업에 성취할 수 있었다고 이재는 회고했다.

이재가 23세에 과거에 급제하자 어머니는 기뻐 울면서 "이거야말로 너희 아버지가 녹을 받아 자시지 못한 것에 대한 보답이다"라고 말했다. 남편이 일찍 세상을 떠서 과거에 급제하지 못해 한스러웠으나 이로써 한을 풀었다는 의미일 것이다. 그리고 나서 민씨 부인은 아들 이재에게 부탁했다.

"네가 영달하는 것을 기뻐하지 않아서가 아니라 고귀한 사람이 되기는 쉽지만 좋은 사람이 되기는 어려운 것이다. 실로 그것이 깊이 걱정되는 구나."

이재는 벼슬에서 물러나 젊은 유생들과 어울려 지냈다. 이것을 보고 민씨 부인은 "덕은 적은데 지위만 높거나, 힘은 적은데 책임만 무거운 경우를 옛사람들이 걱정했던 바이다" 하고 말했다. 그리고 새벽이나 밤마다 글을 강하고 외우는 소리를 듣기 좋아하면서도 유생들과 어울려 어떤 일이 생길까를 항상 걱정했다.

민씨 부인의 행동이 얼마나 깔끔했는지는 평생 생활이 부족하여 언제나 근심이었지만 누구에게 한푼이라도 이자돈을 취한 적이 없었으며, 왕후와 자매지간이지만 털끝만큼도 왕후에게 무엇을 요구한 적이 없었다. 이러한 행동을 보고 인현왕후가 "우리 언니는 높은 선비님이시다"라고 말했다고 한다.

후에 민씨 부인이 중풍을 앓게 되어 왕후가 어의를 보내 진찰한 후, 중풍약 수십 첩을 보내면서 "우리 언니 마음을 오히려 불안하게 해 드리는 것이나 아닌가?" 하고 걱정했다고 한다. 인현왕후가 옷 한 벌을 보낸 적이 있는데 민씨 부인이 "그 옷을 관 속에 넣어 달라"고 하면서 "이 또한 분수에 지나치다"고 하였다.

평소에 분수分受라는 글자를 말하기를 좋아했고 "사람은 각자가 그의 본분을 생각해 혹시라도 지나치거나 넘치는 일이 없어야 한다. 그래야 사람의 행실에 비슷해지는 것이다"라고 말했다. 민씨 부인의 덕이 높고 행실이 훌륭해 아들을 훈계한 말이 모두 법도에 맞았다면서, 이재는 자신이 영리를 탐내고 욕심내어 부모를 욕보이고 몸을 손상시키는 데에 이르지 않았던 것은 오직 어머니의 가르침과 도움의 덕이었다고 회고했다.

조선의 현명한 어머니라고 하면 이이의 어머니 사임당과 이재의 어머니 민씨 부인을 우선 손꼽는다. 사임당에 대해서는 널리 알려져 있지만, 민씨 부인의 현명함과 덕은 비교적 양반가에서만 알려져 있었다. 민씨 부인의 학식은 물론이고 그 언행이 참으로 군자의 언행이라고 아니 할 수 없을 것이다.

기댈 친척이 없는 사람의 경우에 깔끔한 처신도 예사롭지 않은데 왕후의 언니, 재상의 조카이자 며느리, 그러한 환경에서 늘 가난하게 살면서도 법도를 지켜 살았던 모습이 빛나는 진정한 여성군자의 모습이라고 하지 않을 수 없다.

# 맑고 소박한 삶의 지혜가
# 더욱 빛나는 것임을 알게 하라
### -맹자 어머니보다 더한 훈계, 조지겸의 어머니

어머니가 돌아가신 후 어머니의 평생 행적을 쓴 글에서 조지겸은 외할아버지를 포함해 다섯 형제 중 넷이 과거에 급제했다고 썼다. 외증조할아버지 이통은 원래 가정이 어렵고 일찍이 부모를 여의었다. 그는 부친이 유언한 대로 친척인 이이의 집에서 성장했다.

이통은 9세부터 이이의 문하에 들어가 경사, 문예에 능했고 진사에 합격해 순천 군수를 지냈다. 63세로 죽기 전까지 이통의 자손은 증손까지 220명에 이르렀는데 그 중 과거에 급제해 벼슬에 오른 사람이 헤아릴 수 없을 정도였고, 이통보다 먼저 죽은 사람이 한 사람도 없었다. 조선시대를 거슬러 볼 때 참으로 타고난 운이 좋고 복 많은 사람이었다.

이통의 아들이자 조지겸의 외조부인 이경용도 문과에 급제한 4형제의

한 사람으로서 전라도 관찰사를 지냈다. 이경용의 딸인 덕수 이씨는 온화한 얼굴로 엄격한 시어머니에게 공손하게 대하고 일가 사람들을 진심으로 대하여 좋아하지 않는 이가 없었다고 조지겸은 썼다. 정신이 총총하고 총기가 있어 집안사람들의 생일과 제삿날을 기억하고 집안 주변의 모든 일을 다 기억했다. 그처럼 기억력이 뛰어나고 문장을 잘 썼던 덕수 이씨는 어려운 사람들을 측은히 여겨 구휼해주고 싶어 했다.

종을 부리면서도 함부로 하지 않고 항상 간곡한 마음으로 대했다. 가난한 사람들을 불쌍히 여겨 더욱 간절히 보살펴 주었다. 부모를 잃은 어린 조카들을 손수 데려와 끼니를 거르지 않게 하고 아들에게 하듯 정성을 다했다. 위독한 병에 걸린 조카에게는 손수 이마에 물수건을 얹어주며 자리를 떠나지 않고 근심스러워했다.

평소 아랫사람들에게 덕이 후했고 또한 정이 깊었기에 할아버지를 따라 혹은 남편을 따라 부득이하게 살던 고향을 떠날 때는 이웃의 아낙네들이나 부리던 종들이 하나같이 떠나는 덕수 이씨의 가마채를 붙잡고 눈물을 흘렸다. 어린 시절, 친구나 진배없이 지내던 어린 몸종과의 이별은 사뭇 눈시울을 적신다.

덕수 이씨는 할아버지 이통과 할머니 유부인 밑에서 어린 시절을 보냈다. 할아버지가 순천으로 부임하면서 근무지까지 데리고 가 관비 가운데 젖이 나오는 사람을 골라 젖을 먹이기도 했다. 다섯 살 때까지 그곳에서 지내다가 할아버지의 벼슬이 바뀌어 서울로 돌아오게 되었다. 그런데 돌아가는 날 한 여종이 한사코 따라가겠다고 했다. 어린 손녀가 적적할까봐 몸종으로 삼으면서 벗으로 지내라고 할아버지가 손녀에게 맡긴 하녀었다. 여종은 덕수 이씨가 갓난아이였을 때는 유모 노릇을 도맡아 했고, 나중에 자라면서는 둘도 없는 소꿉놀이 친구로 지냈다. 조부모 밑에서 형제 없이 지내던 터였기에 이씨 또한 여종에 대한 정이 각별했다. 지난 날을 쉽게 떨쳐버리지 못했을 것이다.

여종은 한사코 이별하지 못하고 서울까지 따라갔다. 그리고 서울에서 며칠을 머물다 여종은 다시 이씨의 배웅을 받으며 순천으로 발걸음을 돌렸다. 종과 양반집 규수라는 신분의 차이는 있었지만 한시도 떨어지지 않고 지냈던 그 5년 간의 정이 얼마나 애틋했을 것인가.

덕수 이씨는 평생을 측은지심으로 살았다. 심지어 개미나 벌레 같은 미물도 상하거나 다칠까 걱정했다. 이렇듯 다정한 부인이었지만 자식들 교육 만큼은 그 누구 못지않게 엄격했다. 자식들이 혹 예법에 어긋나는 언행을 하기라도 하면 즉각 "타인에게 좋은 행실이 있으면 나는 공경하고 사모함을 마지못해 한다. 너희들에게 착하지 못함이 있으면 내 마음에는 조금도 사랑하는 마음이 없다" "여러 아들들이 끝끝내 내 마음과 같은 사람이 없구나. 내가 남자가 되지 못했음이 한스럽구나" 하며 엄하게 꾸짖었다. 조지겸은 어머니의 이러한 훈계가 맹자의 어머니가 맹자에게 했던 것보다 더 엄하고 올바랐다고 회상했다.

병자호란을 당해 강화도로 피난을 갔을 때는 조선이 패전한 것을 알고는 자진하기 위해 스스로 바닷물 속으로 들어가는 시어머니를 구했다. 전쟁 중이라 주위 사람들이 모두 굶주리던 시절이었다. 자신은 굶다시피 하면서도 시어머니에게는 먹을 것을 구해다 드렸다. 전쟁 후에도 몇 해 동안 추위와 굶주림에 떨어야 했다. 추위와 굶주림은 일상이었고, 그러니 질병을 앓지 않을 수 없었을 것이다.

일생 병을 안고 살았다는 덕수 이씨는 몸이 파리해져 옷을 몸에 맞게 입지 못할 정도였는데도 늘 손수 길쌈을 하고 일을 했다. 병이 심해도 누구에게 말하지 않았다. 벽에 기대거나 자리에 눕지도 않았다. 가족들에게 심려를 끼치지 않으려는 뜻에서였다.

평소에 검소하고 질박하게 살아 여러 해 동안 무명베 푸른 치마를 즐겨 입고 이불이나 요가 무척 낡아 살갗을 상하게 할 정도였으나 괴롭다고 불평하지 않았다. 아무리 어려워도 가까운 친척에게도 어렵다고 구차스럽게 구걸하는 적이 없었다. 그리고 가까운 친척에게도 절대로 청탁하는 일이 없었다. 재물과 관련한 일에는 더더욱 개의치 않았다고 한다.

십수 년 동안 여러 곳으로 이사를 다녀서 집안에 온전한 물건이라고는 하나도 없었지만 태평하게 지냈다. 아무리 가난해 굶주려도 누가 부당한 선물을 주면 사양하고 받지 않았다. 남편이 대관으로 있을 적에 어떤 사람이 생선을 보냈다. 며느리가 그 생선을 구워 시어머니 상에 놓았더니 이씨 부인이 사정을 듣고는 그 생선을 당장 밥상에서 내려놓고 그 집으로 돌려보냈다. "선물이란 함부로 받아서는 안 되는 것이다. 선물로 보내는 것은 반드시 어떤 의미가 있는 것이니 받으면 마음이 편치 않다"고 말했다.

한번은 누구인가 아름답게 만든 은 술잔을 보냈다. 아버지가 되돌려 보내려고 생각하면서 어머니께 물어보았다고 한다. 어머니가 "우리 집에는 본래 그런 물건이 없었소. 집에 술이 있다면야 사기잔으로도 충분하니 무엇 때문에 그런 것을 사용하겠소?"라고 말했다.

벼슬을 하면 할수록 집안 살림이 더욱 쪼그라들었다고 조지겸은 회상했다. 누군가가 세속의 부인들이 화려하게 꾸미는 일을 좋아하고, 재산 불리기를 잘하여 유능하다는 소리를 하면 이씨 부인은 못 들은 체했다고 한다. 대제학까지 오른 부친의 맑고 소박한 지조가 더욱 빛난 것은 바로 다름 아닌 어머니 덕분이라고 조지겸은 회고했다.

# 최적의 교육 환경을 제공하라
## -이이의 어머니 신사임당

여류 예술가. 그녀의 그림, 글씨, 시는 매우 섬세하고 아름답다. 그림 속의 풀벌레, 포도, 매화, 난초는 마치 실제처럼 살아 움직인다. 한번은 풀벌레 그림을 마당에 내놓아 여름 볕에 말리려 하자 닭이 와서 살아 있는 풀벌레인 줄 알고 쪼는 바람에 종이가 뚫어질 뻔했다고 한다.

그녀의 예술성이 피어나도록 북돋아준 것은 남편이라 할 수 있다. 사임당이 친정에서 많은 생활을 할 수 있었던 것은 남편과 시어머니의 도량 때문이다. 남편은 사임당의 그림을 사랑의 친구들에게 자랑할 정도로 아내를 이해하고 또 재능을 인정하고 있었다. 또 그는 아내와의 대화에도 인색하지 않아 부인과의 대화에서 늘 배울 것은 배우고 받아들일 것은 받아들였다.

사임당의 시당숙 이기가 우의정으로 있을 때 남편은 그 문하에 가서 노닐었다. 이기는 1545년에 윤원형과 결탁하여 을사사화를 일으켜 선비들에게 크게 화를 입혔던 사람이다. 사임당은 이기를 권세에 눈이 어두운 소인으로 보았다. 시당숙이기는 하나 가까이 지낼 수 없는 인물이라고 판단했다. 남편에게 어진 선비를 모해하고 권세만을 탐하는 시당숙의 영광이 오래 갈 수 없음을 상기시키면서 그 집에 발을 들여놓지 말라고 권하였다. 이원수는 아내의 말을 들어 이기의 집에 발을 끊었다. 이기가 훗날 화를 당했을 때 연좌되지 않아서 화를 면했다.

무엇보다도 사임당은 실로 현모로서 아들 이이는 백대의 스승으로, 아들 이우와 큰딸 이매창은 자신의 재주를 계승한 유학자이자 예술가로 키웠다. 구체적으로 사임당의 자녀 양육을 살펴본다.

현대 어머니들은 자아실현을 해야 할지, 자녀를 양육할지를 선택사항으로 여기는 듯하다. 자아실현을 하는 어머니들은 자녀를 제대로 교육하지 못할 것이라고 걱정한다. 여성의 자아실현과 훌륭한 자녀 양육은 병립할 수 없는 것인가. 그렇지 않다는 확실한 답을 신사임당에게서 찾을 수 있다.

신사임당은 조선 유교사회의 벽을 넘어선 여성으로 단순한 현모양처가 아니다. 자신의 재능과 꿈을 소중히 여겨 학문과 예술분야에서 자아실현을 한 여성인 동시에 자녀 교육에 대한 열정과 사랑으로 이이와 같이 위대한 인물을 길러낸 훌륭한 어머니이다. 더욱이 '실천형 어머니'라는 점에서 자녀에게만 최고가 되라고 강요하는 오늘날 부모들에게 귀감이 된다.

신사임당의 유아교육에 관한 구체적인 문헌이 없지만, 이이에 대한 여러 문헌을 통해서 사임당이 어린 이이를 어떻게 교육했는지 알 수 있다. 당시 유교사회였던 조선의 사회분위기에도 불구하고 사임당은 일찍이 이이의 재주를 알아보고 그에 적절하게 교육을 시켰다. 사임당 자신이 학문과 역사에 조예가 깊었고 시화에 능통했음에도 끊임없이 노력하여 자아를 실현해 가는 모습을 보여줌으로써 자녀에게 좋은 본보기가 된 지혜로운 어머니였다.

아기를 기다리던 사임당은 동해바다에서 어떤 선녀가 어린 사내아이를 안고 있다가 자신의 품에 안겨 주는 태몽을 꾸었다. 태몽을 소중히 여기며 태교에도 정성을 다했다. 특히 신사임당은 중국 주나라 무왕의 어머니 태임이 아들을 잉태했을 때 지킨 삼불원칙(나쁜 말은 듣지 말고, 나쁜 일은 보지 말며, 나쁜 생각을 품어서도 안 된다)을 본받아 이이를 낳아 길렀다고 한다. 방에 중국 위인들의 모습을 그린 그림들을 붙여놓고서 명상하던 태임처럼 사임당도 위인의 모습을 그리며 명상하고 태아와 대화하는 등 태교를 했다.

## 자연친화적 환경이 훌륭한 자녀를 키운다

신사임당은 혼인한 후 자연 풍광이 수려한 강릉 북평촌에서 살았다. 동해바다가 십여 리 거리에 있고 뜰에 검은 대나무가 무성한 집, 오죽헌에서 태어났고 그 집에서 이이가 태어났다.

이이는 6세 때 부모를 따라 서울로 오기 전까지 외가인 오죽헌에서 자랐다. 이이가 유아기를 보낸 오죽헌은 친자연적 환경으로서 정서 발달에 더없이 좋은 곳이다. 설악을 바라보고 동해바다의 파도 소리를 들을 수 있는 풍요로운 자연 속에서 이이가 성장했다. 멀리 바다가 있고 오죽헌 옆에는 바다처럼 호수가 있어서 온갖 새들이 몰려오곤 했다. 그때에 사람들은 작은 배를 타고 호수를 건너 다녔다. 집 뒤에는 나지막한 동산이 있어서 이이는 동네 아이들과 함께 산에 오르고 나무와 꽃들을 늘 가까이 보고 성장할 수 있었다. 어린이가 자연 속에서 우주의 신비와 원리를 배운다고 한 프뢰벨(세계 최초로 유치원을 세운 19세기 독일의 교육가)의 가르침을 미리 알고 실천했던 것이다.

다른 유학자들의 성격이 깐깐하고 생각이 협소했다는 사실과 달리 이이의 기상이 호탕하고 도량이 넓었다는 점은 어려서 설악산과 동해바다를 보고 성장한 까닭일 것이다. 이이는 학문을 탐구할 때에도 사소한 것을 분석하는 것을 지양하고 근본원리를 적용하였다. 교육이 국가의 기본이라고 생각하고 어린이를 위한 교육서를 쓰고, 일본의 외침을 예상하여 십만양병설을 주장한 것도 근본을 중히 여겨 늘 사고의 지평이 넓었기 때문에 가능한 일이었다. 오늘날처럼 자연을 접할 기회가 없는 도시 아이들에게는 무척 아쉬운 점이지만, 자연이 어린이 발달에 미치는 영향은 참으로 지대하다.

### 스스로 모범이 되는 실천적 어머니

7세부터 안견의 화법을 배워온 사임당은 늘 자연을 화폭에 담았다. 주변의 아름다운 산수와 포도열매가 사실처럼 그려지곤 했다. 사임당은 어려서부터 경전을 읽고 글을 썼는데 그림이 사실적이면서도 섬세하고 정교하듯 글씨 또한 그러했다. 어린 이이는 어머니의 그림과 글을 지켜보면서 성장했다.

오죽헌의 자연을 관찰하며 빼어난 화폭에 담아내고, 우주의 섭리를 아름다운 출생과 삶의 노래로 풀어내는 어머니를 바라보면서 자란 이이 또한 그림과 글에 훌륭한 소질을 보였다. 오죽헌을 둘러보노라면 지금도 새, 나무, 꽃과 자연에 대한 신사임당과 어린 이이와의 대화가 들리는 듯하다. 살아있는 것들은 존재의 의미를 말해주었고, 어머니와 함께 어린 이이는 생명의 의미를 음미했다.

## 자녀 교육에 대한 남다른 열정을 지니다

신사임당은 자신의 인생에 목표가 될 만한 사람을 모델로 삼아 평생 본받으려 노력하는 자세를 잃지 않았다. 태임太任을 스승으로 여긴다는 뜻에서 호를 사임師任이라고 한 점에서도 알 수 있듯이 특히 자녀 교육에 남다른 의미와 열정을 가지고 있었다. 수년씩 남편과 떨어져 있으면서 아들의 교육에 전념했다. 이이는 재롱도 피우고 장난도 치며 지냈지만 일찍이 남다른 총명함을 보였다. 행장에 말을 배우자 곧 글을 알았다고 씌어진 것을 보면 말을 배우면서 글을 배운 듯하다.

이이가 세 살 때 외할머니와 뜰을 거닐다가 석류를 보았다. 외할머니가 석류를 들어 보이며 "이것이 무엇과 같으냐"고 묻자, 옛시를 이용하여 "붉은 주머니에 붉은 구슬이 부서져 있네"(紅皮囊裏 碎紅珠)라 답하여 주위 사람들을 놀라게 했다. 사임당은 이이가 호기심을 가지고 질문할 때마다 충실히 대답해주곤 하였다. 어머니의 자상한 지도로 이이의 총명함이 더욱 빛을 발할 수 있었다.

## 삶의 원리를 사고하도록 교육하다

사임당은 아들 이이에게 단순히 글자가 아니라 글을 통해서 삶의 원리를 생각하고, 옳고 그름을 사고하도록 교육하였다. 6세에 「진복창전」을 지어 진복창의 소인됨을 알림으로써 후세 사람들이 교훈으로 삼도록 하였다. 진복창이란 인물은 구수담에게 배워서 장원급제하고 대사헌의 높은 직책에 올랐으나 탐욕이 많아서 당시 세도가인 윤원형의 심복이 되어 윤원형이 미워하던 많은 사람들을 죽게 했고, 마침내 구수담까지도 죽게 하여 사람들이 독사라고 부르며 외면한 인물이다. 삶의 원리를 사고하도록 하는 교육이 어린 이이에게 진지한 삶의 성찰을 이야기로까지 풀어낼 수 있도록 하는 원동력이 되었다.

## 글쓰기에 관심을 두도록 교육하다

신사임당의 감성어린 눈으로 자연의 섭리를 관조하는 모습을 지켜보면서 성장한 이이는 시인으로서 자연의 아름다움을 시로 읊곤 했다. 8세 때에는 조상이 세운 정자인 화석정에 올라 바다와 하늘과 소나무가 얽어진 그림 같은 풍경을 「화석정」이라는 오언율시로 남겼다. 10세에는 오죽헌 근처에 있는 경포대에 들러서 주위 풍경을 감상하다가 「경포대부」를 지었는데, 그 내용이 마치 인생을 달관한 사람의 글과 같아 과연 10세 소년이 쓴 것인지를 사람들이 의아스럽게 생각했었다. 어린 나이에도 불구하고 이이가 철학시를 썼던 것 역시 삶을 관조하며 글쓰기를 실천했던 어머니의 영향이라고 할 것이다.

## 검소한 생활을 몸소 실천하다

아들의 천재성을 보고서 어머니는 대견하게 생각하면서도 이이가 앞으로 겪어야 할 사람들의 견제와 질시를 걱정하지 않을 수 없었다. 차면 넘친다고 생각했던 사임당은 몸소 검소한 생활을 했다. 웃어른에게 공손한 태도를, 아랫사람에게는 인정스러운 태도를 가졌다. 지위에 상관없이 누구에게나 그 사람을 배려하는 겸손한 마음을 지녔다. 훗날 누구에게나 열린 마음으로 대했고, 파당 짓는 것을 우려하여 이이는 사람들을 화합시키려 노력했다. 그처럼 높은 벼슬에 여러 번 올랐는데도 죽은 후 장례치를 돈이 없었을 만큼 청렴했다는 것은 어머니의 교훈을 가슴 속에 담고 실천했기 때문이다.

사임당은 일찍이 이이의 천재성을 보고 그의 재능에 적합한 글공부를 시켰을 뿐 아니라 풍부한 자연학습을 통해 너그럽고도 올곧은 인성을 기르고, 학문과 세상에 대한 본질적 사고를 하는 철학자로 교육했던 것이다. 사임당은 학문을 통해 자기실현을 하고 예술을 통해 개성을 표현했던 여성으로서, 현인을 교육한 가장 훌륭한 어머니로서 한국 역사에 기억될 사람이다.

# 믿음과 희망을 품은 아이로 키워라

오랜만에 유년시절 친구들이 만났다. 반백의 머리가 되어 만나서는 어렸을 때의 기억을 되뇌곤 했다. 친구는 초등학교 시절의 아침을 회상했다.

유년 시절에 아침마다 어머니 목소리에 눈뜨면 어머니의 걸레질하는 모습을 보곤 했다. 아침상은 벌써 방에 차려져 있었다. 따뜻한 국과 밥을 먹지 않고 학교에 간다는 것은 상상할 수 없는 일이었다. 어쩌다 꾸중이라도 한마디 듣고 아침을 거르고 학교에 가면 그것은 커다란 사건이었다. 어머니는 틀림없이 할머니께 한 말씀 들었을 것이고 손녀가 배고플 것이라는 걱정소리에 온종일 가슴을 졸였을 것이다.

할머니는 따뜻한 아랫목에 고구마든 감자든 옥수수든 쪄서 묻어두었다. 학교에서 돌아오는 아이의 손을 잡고 늘 말씀하시곤 했다.

"학교에서 공부하느라고 힘들었지?"

힘없이 고개를 끄덕이는 아이 손을 두 손으로 붙잡고서 아랫목에서 따끈한 옥수수를 꺼내주시곤 했었다.

고등학교 시험장, 대학교 시험장을 떠올리면, 그곳을 서성이던 아버지 모습이 떠오른다고 했다. 친구의 기억 속에서 어린 시절을 추억할 때마다 떠오르는, 이제는 이미 세상을 떠나신 할머니, 아버지의 모습이 가슴 속에 살아있다고 했다.

성인이 되어서 유년시절을 떠오를 때마다 사람들은 누구를 함께 떠올릴까? 한 친구는 아버지가 늦게 오시는 저녁마다 자지 않고 기다렸다고 한다. 아버지가 들고 오실 중국과자라든가 눌린 과자 같은 것을. 아버지는 과묵하셨지만 술을 드신 날만은 예외였다. 그날만큼은 칭찬을 들을 수 있었고, 우리 아이들이 아버지에게 소중한 존재임을 확인할 수 있었다고 했다.

어른들이 할머니나 아버지 생각을 할 때면 저절로 눈시울이 젖어드는 것은 그분들의 깊은 애정과 헌신을 수십 년 동안 한 번도 의심해본 적이 없었기 때문이다. 부모나 조부모에게서 느꼈던 애정과 헌신 때문에 어른으로 살아가면서 외롭게 느껴질 때마다 유년시절의 기억으로 되돌아가는 것일 게다.

요즈음 아이들이 성년이 되어 기억하는 유년시절은 어떤 모습일까? 아침밥을 차리는 어머니의 모습을 기억하고 있을까? 등불 아래에서 해진 양말을 깁는 어머니의 모습을 기억하고 있을까? 늘 먹을 것을 할머니께 가져다 드리고 그것을 할머니가 아이들에게 주시는 것을 막아서는 모습을 기억하고 있을까? 아버지가 가져온 월급봉투를 놓고 고심하여 이렇게 저렇게 쪼개보는 어머니의 모습을 기억하고 있을까?

혹시나 아이를 이곳저곳에 맡겨놓고 허겁지겁 뛰어가는 어머니의 모습을 기억하고 있지나 않을지. 아침마다 마른 빵조각을 먹으라고 말하는 어머니의 모습을 기억하고나 있지 않을지. 돌아오지 않는 어머니를 기다리다가 문득 집안의 어두움이 무섭게 느껴져 몸을 떨었던 기억은 가지고 있지나 않을지. 어린 시절 아무리 생각해도 그 장면에는 아버지의 얼굴이 비쳐지지 않는 기억을 가지고 있지나 않을지. 회사 일로 바쁜 아버지는 어떤 사진에도 모습을 나타내지 않았을 테니까. 어머니와 아버지가 큰 소리로 언쟁하는 모습을 기억하고 있지나 않을지. 아이의 기억 속에는 온통 전자오락 게임과 인터넷에서 보는 요상한 그림들만이 들어있지나 않을까?

수백 년 전의 아이나 오십 년 전의 아이나 아이가 성장하면서 필요로 하는 것은 다르지 않다. 인류가 시작된 이래 인류가 존속하는 한 인간의 아이가 성장하면서 필요로 할 것은 자연물로 만들어진 따뜻한 식사와 애정 어린 돌봄이다. 세 끼를 인공적으로 가미되지 않은 자연물로 만들어진 음식을 먹는 것은 생명을 유지할 수 있는 기본요건이다. 라면, 햄버거, 피자 등은 어쩌다 한 끼 식사로 대용될 수 있을지 모르나 매일 먹기엔 문제가 있는 음식이다. 고구마, 감자, 옥수수, 떡 등이 가장 좋은 간식거리이다. 아이에게 좋은 음식이나 간식거리는 모두 어머니의 손길이 필요한 것들이다. 시장에 가서 사오고 다듬고 불에 올려서 익히는 과정에 어머니의 손길과 정성이 깃들어 있다.

어찌 그뿐이랴. 아이를 키우는 모든 과정은 정성으로 점철되어 있다고 해도 과언이 아니다. 예민한 꽃나무의 요구에 귀기울이듯이 말 못하는 어린 아기의 요구에 귀기울여야 한다. 어머니의 청량한 음성과 돌봄이 주는 감각적 풍요로움은 더할 나위 없이 좋은 것이다. 뽀송뽀송한 기저귀의 감촉, 몽실몽실한 어머니 젖가슴의 감촉, 아이에게 들려주는 낭랑한 어머니 말소리, 밝은 햇살과 맑은 공기, 다양한 자극을 주는 장난감 등은 금전으로 살 수 없는 가치를 지닌 것들로 어린 아기의 행복감을 더해 준다. "이 세상은 살아갈 만한 곳이구나!" 아기는 혼자 느끼고 생각한다. 아기가 젖먹이 시절에 느꼈던 신뢰감과 행복감은 이후에 성년이 되어서도 그의 삶에 큰 영향을 미친다.

타인에 대한 신뢰감은 다른 이에게 쉽게 다가가서 상호작용을 원활하게 할 수 있는 사람으로 만든다. 부모에 대한 신뢰감을 바탕으로 친구를 사귀고 잘 어울리는 능력을 키울 수 있다. 이러한 능력을 갖추고 있어야 사회적으로 성공하기 쉽다는 것은 잘 알려진 사실이다. 다른 이를 마음으로 수용하고 즐겁게 생활하는 성격은 직장에서 성공할 수 있는 원인이 된다.

또한 젖먹이 시절에 행복한 경험은 이후 성장 후에도 낙관적이고 명랑한 성격을 형성하게 해준다. 어떤 위기 상황에서도 자신은 위기를 극복할 것이며, 언젠가 행복해질 것이라는 희망이 그러한 인생을 만들어 준다.

사람들은 자신을 신뢰하는 사람을 신뢰한다. 스스로를 믿지 못하는 사람은 타인의 신뢰를 얻기 어렵다. 자기 신뢰감은 일찍이 어린 시절에 부모와의 애정 어린 관계를 통해서 만들어진다. 세상에 대한 낙관적 견해와 자기 신뢰감이 원만한 또래관계를 맺도록 한다. 이성 친구를 사귀고,

배우자를 선택해 잘 적응하도록 하며, 직장에서 동료들과 원만한 관계를 갖도록 하여 성공적 삶을 영위하도록 도움을 준다. 어린 아기에게 쏟는 부모의 정성은 보약과 같다.

미소 짓는 어머니의 따뜻한 눈빛과 음성, 행복한 기억 등 아이가 필요로 하는 것은 그리 많은 돈이 드는 것은 아니다. 정성으로 구할 수 있는 것들이다. 행여 돈만으로 아이가 원하는 것을 해결할 수 있다고 생각하고나 있지 않은지 스스로 되물어볼 일이다.

# 자긍심 있는 아이로 키워라

사람들 가운데는 유난히 총명한 사람이 있다. 조선 초 중국에서 사신으로 예겸이라는 사람이 왔다. 예겸을 맞아 신숙주가 그에게 송별시 1백 운을 써 주었다. 예겸이 한 번 보고 말아서 책상 위에 놓고는 곧 그 운으로 화답했는데 한 운자도 틀리지 않았다.

이러한 인물은 조선에도 있었다. 판서를 지낸 정초는 일찍이 군대에 가서 군인 백여 명을 점호했는데 그 뒤에 문서도 보지 않고 다시 점호하는데 단 한 사람도 순서가 틀리지 않았다.

양천에 사는 조생은 15세 경에 남의 집에 가서 그 주인이 과거 본 글을 처음으로 보고 집에 돌아와 외워 썼는데 한 자도 틀리지 않았다.

위 세 경우는 모두 보통 사람들의 재주를 넘어서는 신기神技에 가까운 능력을 보여주는 사례이다. 이러한 신기에 가까운 능력은 교육으로 이루어지는 것이 아니라 타고난다는 것에 주목해야 한다.

부모들은 자녀가 영재가 되기를 원하고 조기교육으로 영재를 만들어 보려고 한다. 부모들의 남다른 조기교육열을 바라보면서 우려되는 것은 두 가지이다. 첫째는 영재를 조기에 판별하는 어려움, 즉 판별의 정확성 문제이다. 영재를 판별하기 위해 어떤 검사를 하든 유아의 언어 능력에 따라서 판별이 달라질 가능성이 크다. 언어능력이 상대적으로 우수한 유아들이 성장 후에 보면 문과 적성인 경우가 많고, 낮은 유아들이 이과 적성일 때가 많다. 내성적이거나 사려 깊은 유아들이 천재 판별에서 제외될 수 있으며, 언어표현을 권장하는 중상류층 가정의 유아들이 판별 대상에 들 가능성이 크다. 영재아로 판별되었다고 해도 반드시 영재로 성장하는 것은 아니다. 유아기 지능지수가 청소년기 지능지수와 일치하는 비율이 그다지 높지 않다는 것은 이미 알려진 사실이다. 영재아로 판별된 후 유아가 가족과 주위에서 높은 기대를 받고 지나치게 높은 자아개념을 형성할 수 있다. 한때 기네스북에 오를 정도의 신동이 보통 청년으로 성장하기까지 겪었던 본인과 가족의 고통이 신문지상에 올랐던 적이 있다. 영재아의 부모, 교사, 주위사람들의 자세가 어떠해야 할 것인지 생각해 보게 하는 대목이다.

두 번째로 우려되는 점은 아이가 영재아로 판별되었다고 하더라도 현 상황에서 그 재능을 잘 키우기가 쉽지 않다는 점이다. 우리 사회의 학교, 교사, 교과과정이나 사회의 여건 등 그 어느 것 하나 제대로 준비된 것이 없기 때문이다. 영재조기교육이 또 하나의 교육실험정책이 되지 않도록 만반의 준비 후에 신중한 정책 집행이 이루어져야 한다. 새로운 정책을 실험하기에 앞서 기존의 특수학교를 활성화하는 방안 또한 모색되어야 할 것이다. 교육실험의 대가는 정책집행자가 아닌 어린이들이 치러야 하기 때문이다.

  김시습은 신라 왕실의 후손으로 강릉에서 태어났다. 사람들이 전하는 말에는 태어난 지 8개월 만에 글을 깨치기 시작했으며, 3세에 한시를 짓고, 4세부터 삼경을 통달했다고 한다. 세종이 이 소문을 듣고 만나보고 싶어서 시습을 궁궐로 불러 들였다. 세종대왕은 시습을 승정원에 불러 만나보고 지신사 박이창을 시켜서 시습의 학문을 시험해 보도록 했다.

  박이창이 "동자의 배움은 백학이 청송 끝에서 춤추는 것과 같다."라고 하고서 끝을 이어보도록 했더니 김시습이 서슴지 않고서 "성주의 덕은 비유하건데 황룡이 벽에서 꿈틀거리는 것과 같다."라고 응답했다.

  세종이 황문을 시켜 시습을 안고 탑전에 들어와 벽에 그려진 산수와 삼각산을 보고 시를 짓게 했더니 막히지 않고 잘 지었다. 세종은 어린 김시습의 재주에 감탄했다. 마침 세종 옆에 서 있는 세자 문종과 세손인 단종을 보고서 시습에게 "저이들이 장차 너의 임금이 될 것이니 잘 기억해 두라."고 일렀다. 세손은 아직 어려서 용상을 붙잡고 앉아 있었다.

  "잘 길러라, 장차 크게 쓸 것이다."

  세종이 약속하였다. 그리고 시습이 가지고 갈 만큼 비단을 주겠다고 말씀하면서 비단 오십 필을 내 놓았다. 시습은 비단을 필끼리 묶고서 한 쪽 끝을 허리에 묶고 걸어 나갔다. 쌓아놓은 비단이 모두 끌려 나갔음은 물론이다.

　역사상 김시습과 같이 뛰어난 천재는 드물게 태어난다. 천재는 하늘과 자연이  만든 우연의 산물이다. 천재는 재능을 타고나서 좋은 환경 속에서 성장하면 그 재능이 꽃을 피워 국가와 사회의 발전에 기여한다. 그러나 김시습처럼 타고난 재능이 있어도 좋은 환경을 만나지 못하면 우울과 좌절 속에서 생명이 시들고 만다.

　현대에도 천재가 태어날 것이다. 천재는 교육을 많이 받은 부모와 부유한 가정에서만 태어나는 것이 아니라 일반 가정에서 때로는 배우지 못한 부모와 빈한한 가정에서 태어난다. 천재는 성장하면서 스스로 자신의 잠재된 재능을 느끼고, 그 재능이 스스로 개발되려고 애쓰는 것을 느끼며, 자신이 남들과 다르다는 사실을 잘 안다.

　천재를 시들게 하는 환경이란 천재의 자유 의지를 꺾고 그의 탐구를 막고 인간성을 피폐하게 만드는 환경이다. 아이의 말에 귀를 기울이지 않고 무엇이든 부모 뜻대로 하는 통제적이고 억압적인 부모, 애정이 없는 가정, 자유로운 탐색을 금지하는 학교, 다른 생각을 하면 이단으로 모는 사회가 그러한 환경이 될 수 있다. 부모가 어린 아동의 뜻을 억지로 막아 좌절하게 하고, 가족이 주의와 관심을 주지 않으며, 언제나 복종만을 강요하는 부모와 교사, 엉뚱한 말이나 행동을 하면 문제아로 보는 이웃과 사회가 천재아의 성장을 누른다.

　역으로 천재를 피어나게 하는 환경은 온화하고 격려해 주는 부모, 사랑을 지속적으로 주는 가정, 자유로운 탐색을 허락하는 학교, 다양한 사고를 인정하는 다원화된 사회이다. 온화하고 애정 어린 자세로 성취를 격려해 주는 부모와 교사, 늘 따뜻한 대화를 주고받는 가족, 남과 다른 사고를 용기 있는 것으로 인정하는 사회가 천재를 키운다.

　부모나 교사는 하루에도 수차례 우리 자녀의 타고난 재능을 무시하고 성장하려는 의지를 윽박지르고 있지나 않은지 되물어보아야 한다. "네가 그것을 할 수 있겠니?" 하는 말보다는 "너는 그것을 할 수 있다"고 하는 분명한 신뢰의 소리를 아동에게 전해 주어야 한다. 불신을 받고 성장한 아동이 어떻게 맘껏 자라고 남을 신뢰할 수 있을 것인가. 부모와 교사는 자신의 말을 녹음해 들어보아야 한다. 무심히 아동의 싹을 자르고 있지나 않은지 생각해 볼 일이다.

# 잘못을 인정할 줄 아는 아이가 되게 하라

학교에서 학생이 문제가 있어서 집에 전화를 하면 대부분 어머니들은 "우리 애는 그런 짓을 하지 않는다. 우리 애가 그랬을 리 없다"라고 부정하며 누군가 다른 아이가 한 잘못을 자신의 아이가 그랬다고 한다고 완강하게 교사를 나무라는 경우가 있다고 한다. 남의 아이는 그런 잘못을 할 수 있어도 자기 아이는 그렇지 않다는 것이다. 부모의 맹목적인 확신을 발견하는 순간 교사는 '역시 그 부모에 그 자식이구나' 하는 생각에 좌절한다.

교사들은 경험적으로 어떤 아이라도 잘못을 저지를 수 있음을 잘 알고 있다. 때로는 우등생이나 모범생조차도 그럴 수 있음을 안다. 아이들이기 때문에 한두 번의 실수를 할 수 있다. 때로는 재미로 그러한 문제를 만드는 영리한 아이도 있다. 문제는 잘못을 인정하지 않으려는 부모가 아이의 거짓과 잘못을 변명하게 만든다는 것이다. 문제아의 뒤에는 언제나 잘못을 인정하지 않으려는 문제 부모가 있다.

어린이들도 꾀를 내어 자기 잘못을 남의 탓으로 돌린다. 어린이는 순진무구해서 영악한 짓을 하지 않을 줄로 믿지만, 실제로 많은 경우에 어린 아이도 영악할 때가 있다. 손님들이 초대받아 인사를 나누는 사이에 두 살짜리가 기저귀를 차지 않은 채 마루에 서서 오줌을 질질 흘렸다. 어머니가 "누가 이 마루에 오줌을 쌌니?" 하고 다그치자 아이는 "엄마가!"라고 답해서 손님들의 웃음을 자아낸 적이 있다. 두 살배기도 난처한 상황을 남의 탓으로 돌리려는 의도를 가지고 있는 것이다.

다섯 살이 넘은 어린이는 자신의 잘못을 남에게 덮어씌우기까지 한다. 악화가 양화를 구축하는 현상은 유아기에도 일어난다. 수가 낮아서 금방 눈에 띄기 때문에 어른들이 알 수 있어서 그렇지 순진무구해서 그런 짓을 하지 않는 것은 아니다. 한번은 유치원에서 심심했던 아이가 친구를 꾀어 몰래 놀이터로 나갔다. 수위 아저씨가 문을 지키고 있는지 살피다가 수위 아저씨가 보일러실로 간 것을 보고서 나간 것이다. 그 후 아이들을 찾느라고 유치원이 발칵 뒤집혔다. 밤이 되어서야 두 아이를 찾아낸 교사에게 친구를 꾀어 낸 아이 어머니가 다른 아이가 꾀였다고 말했다. 이 영리한 아이는 부모에게 어리숙한 친구가 문제의 발단이었다고 거짓 고백한 것이다. 아이의 거짓 고백은 부모의 기대와 들어맞았다. 우리애가 문제가 아니라 남의 집 애가 문제여야 한다는 부모의 기대를 충족시킨 것이다. 부모에게 교사가 약하다는 점도 계산에 들어 있었다.

김좌명은 현종임금의 친척이었다. 일찍이 학업에 열중하여 과거에 급제하고 여러 높은 벼슬을 거쳤다.

김좌명의 집에 최술이라고 심부름하던 사람이 있었다. 그 어머니가 일찍이 과부가 되어서 홀로 자식을 키웠다. 어머니가 현철하여 최술을 제대로 가르쳤다. 김좌명이 호조판서가 되어 최술을 서리로 임명하여 요긴한 직책을 맡게 하였다. 그런데 그 어머니가 찾아와서 간청했다.

"술이를 그런 직책에 맡길 수 없으니 그만두게 해주십시오."

"웬 말인가?"

김좌명이 그 이유를 물었다.

"제가 혼자되고 나서 가난하여 술이만 믿고 살아오면서 보리밥도 제대로 끼니를 잇지 못했습니다. 지금 술이 다행히 글씨를 잘 써서 대감께 잘 보여 월급을 받게 되니 그 월급으로 모자가 밥을 먹었습니다. 대감의 휘하에서 일하는 것을 보고 한 부자가 술이를 사위로 삼았습니다. 술이 처가에 있으면서 남에게 말하기를 뱅어국으로 밥을 먹으니 맛이 없어 못 먹겠다고 합니다. 보리밥도 굶던 처지에 뱅어국도 맛이 없다고 하는데, 며칠 동안에 이처럼 사치한 마음이 생겼습니다. 그러니 재물을 맡아 관리하는 자리에 오래 있으면 그 마음이 날로 달로 더해져 마침내 죄를 범하고야 말 것입니다. 외동자식이 형벌 받는 것을 차마 볼 수 없습니다. 대감께서 만약 최술의 글씨 재주가 있는 것을 보시고 버리지 아니 하신다면 쌀 몇 말만 내려주어 굶어죽지 않게만 해 주신다면 다행이겠습니다."

김좌명이 듣고 크게 기특하게 여겨 그 말대로 하고 달마다 쌀과 베를 넉넉히 주었다.

아들이 글재주 있어 재상에게 잘 보여 말단이라도 공무원이 되어 가난에서 벗어나는 것이 얼마나 기쁠 일인가. 게다가 부자 장인을 얻어 생활의 어려움을 벗어나게 되었으니 이 또한 기쁠 일이 아닌가? 보통 어머니들은 기뻐 춤을 출 일이다. 헌데 술이 어머니는 사람이 탐욕과 유혹에 얼마나 약한지 알았다. 호조라면 세무회계를 맡는 일이다. 금전에 대한 유혹이 적지 않은 곳에서 아들의 인물 됨됨이가 그 유혹에 버틸 만큼 견실하지 않음을 알고 결국은 아들이 감옥에 갈 처지에 이를 것을 걱정했다. 아들의 내면을 잘 알고 대처하는 현명한 어머니였다.

현명한 부모는 자녀의 잘못을 공정하고 엄격히 가림으로써 자녀가 문제아가 되는 것을 미리 방지한다. 영리한 아이들에게 잘못을 얕은 꾀로 남에게 덮을 수 없다는 사실을 알려주고 곤란한 일에는 정직하게 대면하도록 가르치는 것이다. 현명한 부모는 자기 자녀도 유혹에 넘어갈 수 있는 보통 어린이라는 사실을 인정한다.

우리 애가 그랬을 리 없다고 생각하는 대표적인 예는 아마도 아이가 싸우다 들어왔을 때일 것이다. 아이가 싸우다 맞고 들어오면 부모는 분한 감정이 치솟기 마련이다. 그때 어머니의 현명함 수준이 드러난다. 생각이 얕은 어머니와 깊은 어머니는 대응방식이 다르다. 성질이 급하고 생각이 깊지 않은 어머니는 아이 손을 잡고 뛰어나가 때린 아이를 찾아선 호되게 야단을 친다. 협박성 야단이다. 이 경우에 아이 싸움은 자연스레 어른 싸움으로 이어지기 마련이다.

생각이 깊은 어머니는 자신의 감정을 억누르면 그 감정이 얼굴에 나타날 것이므로 스스로 그 감정을 해제해 버린다. 감정이 없어지면 그제서야 때린 아이를 찾아서 왜 때렸는지를 묻고 누가 잘못을 했는지 공정하게 가린 후에 두 아이가 서로 사이좋게 지내자고 말하게 한다.

가정에서 누구의 잘잘못을 가리는 것을 얼버무리는 경향이 있다. 자기 자녀의 잘못을 말하는 것이 고통스러운 부모는 상호 묵인 아래 때렸든 혹은 맞았든 상관없이 남의 아이가 잘못했다고 말한다. 언제나 다른 사람이 잘못하고 우리 아이는 피해를 입는다는 논리이다. 그러한 가정 분위기에서 성장한 어린이는 눈치꾸러기나 음모꾼이 되기 쉽다.

아이가 자신의 잘못을 분명히 알고 말하도록 하여 스스로 앞으로는 똑같은 잘못을 하지 않도록 결심하도록 하는 것이 중요하다. 그러려면 어른들의 체면을 접어두고 아이의 잘못을 부모가 인정해야 한다. 상대 아이 부모 앞에서 자기 아이의 잘못을 인정한 일로 체면이 깎였다고 생각한다면 그야말로 중요한 것이 무엇인지를 잘 모르는 것이다.

자녀에게 벌을 주거나 상을 줄 때도 중도를 지켜야 한다. 상을 줄 때는 그 잘한 일에 비해서 상이 타당한 수준의 것이어야 한다. 동생을 위해서 수저를 들어주었는데 생전 처음 보는 장난감을 선물한다든가, 어른에게 전화기로 인사를 제대로 못한 것에 대해서 심하게 매를 친다든가 하는 것은 잘못된 것이다. 상벌은 행위에 합당한 것이어야 한다. 부모가 지나치게 후한 상을 주면 그 상의 효과가 떨어지고 심한 벌을 주면 그 효과는 사랑이 없다고 느끼게 할 것이다.

사람은 누구나 잘못을 저지를 수 있다. 자신의 잘못을 알고 같은 잘못을 다시 저지르지 않으려고 애쓰는 자세가 무엇보다도 중요한 일이다. 부모는 자녀가 이 과정을 경험하는 것을 지켜보고 도와야 한다. 잘못을 인정하고 반성하는 경험을 어린 나이에 빨리 할수록 인생을 절약할 수 있다.

# 다른 사람의 의견에 귀기울이게 하라

일전에 동료교수가 왕조실록을 읽어보고는 "난 힘들어서 임금노릇 못하겠다"고 말하는 것을 들은 적이 있다. 하긴 어느 대통령도 "대통령 노릇 못해 먹겠다"고 해서 언론에 오르내렸다. 예전이나 지금이나 한 나라를 관리하는 일이 얼마나 어려운 일이겠는가.

영화에서 보듯 임금은 한가하게 유희를 즐기다가 잘못한 사람에게 엄벌을 내리는 사람이 아니다. 임금은 어려서부터 최고의 학자들로부터 매우 엄격한 교육을 받았다. 이 학자라는 사람들이 스스로 자신에게 엄격한 사람들이니 왕자에게도 예외가 아니었을 것이다. 왕을 제대로 교육해야 온 국민과 나라가 평화롭게 발전한다는 사명감을 가지고 그 올곧은 선비가 어린 세자와 왕자들에게 공부를 시켰으니 얼마나 빈틈없이 열심히 가르쳤겠는가.

임금이 된 후에도 한가할 틈이 없을 정도였다. 임금이 학문을 닦기 위해서 학식과 덕성이 높은 신하를 불러 하루에 두 번이나 세 번 강의하게 하고 임금과 여러 신하들이 공부하고 토론하는 경연經延을 가졌다. 그것도 모자라 임시로 모이는 소대召對가 있었고, 궁궐 문을 닫은 후 밤에 모이는 야대夜對가 있었다. 학문과 공부를 좋아하는 임금도 이쯤 되면 지칠 정도인데 조선의 모든 임금이 이러한 공부과정을 거친 것이다.

실록에 보면 태종이 경연을 게을리하고 사냥과 족구를 좋아한다고 신하들이 임금을 꾸중하는 것이 마치 아버지가 공부 열심히 안하는 아들을 야단치듯 한다. 중종에게 현군이 되려는 노력을 게을리한다고 조광조는 절절히 꾸중한다. 임금에게 이렇게 엄격한 규칙을 들이대는데 스스로에게나 동료인 조정 대신들에게 그렇지 않을 리가 없었다. 임금을 끌고 밀며 신하들 사이에도 서로 자극을 주고 견제하면서 바른 정치를 펼쳐보려는 이러한 노력으로 조선이 오백 년이나 유지될 수 있었다. 다음의 일화도 그러한 사례의 하나이다.

명종 때 경연에 임금과 신하들이 모두 참석했다. 정승인 심연원도 경연에 참석했다. 대사헌 조사수가 "영의정 심연원이 첩의 집을 지으면서 사치스럽게 단청까지 한다고 하니 잘못된 일입니다"라고 본인을 앞에 두고 거침없이 말했다. 그러자 정승 심연원이 임금에게 고개 숙여 절하면서 "조사수가 제 잘못을 바로 말했습니다"라고 잘못을 인정하고 사죄했다. 명종이 낮은 직위의 사람이 높은 직위인 영의정 앞에서 그 허물을 당당히 밝혀 말하는 것과 그것을 인정하는 영의정이 모두 훌륭하다고 하면서 두 사람을 칭찬했다.

　이윽고 경연을 마치고 밖으로 나왔다. 밖에서 심정승이 조사수에게 "공의 말이 아니었더라면 내가 더 큰 허물을 만들 뻔했소"라고 말하며 고맙다고 했다. 그리고 정승이 집에 돌아와 새 집의 단청을 다 지워버리게 했다. 싫어할 줄 알면서도 당사자의 허물을 대면해서 직접 말하는 것이나 자신의 잘못을 들춰내는 아랫사람의 말을 인정하고 감사히 여기는 조선 선비들의 풍모가 대단하다.

　선조 때 영의정 노수신과 정언 김성일이 경연에 함께 들어갔다. 노수신과 김성일은 원래 절친한 친구 사이다. 김성일이 임금 앞에서 "영의정 노수신이 남이 주는 모피옷을 받았으니 한 나라의 재상이 이런 일을 할 줄 어찌 알았겠습니까?" 하고 말했다. 김성일의 말을 듣고서 노수신이 "김성일의 말이 옳습니다. 저의 노모가 병이 많아서 겨울이면 추위를 견디지 못하여 북쪽 변방에 장수로 가 있는 일가 사람에게 모피를 구하여 모친에게 드렸습니다."라고 말했다. 선조임금이 바른말하는 김성일과 그를 받아들이는 노수신을 모두 가상히 여겼다.

　명종이나 선조나 바른말하는 신하를 귀하게 여기고 바른말이 존중되는 분위기를 만들어 무슨 주제든 누구에게든 바른말을 하도록 한 점에 주목해야 한다. 임금이 신하의 바른말을 듣지 못하면 그 독단으로 인해 얼마나 많은 폐해가 있을지 상상하는 것은 어렵지 않다. 조선의 제왕론에는 임금이 신하의 바른말 듣기 훈련이 가장 중요한 덕목으로 강조되어 왔다고 해도 과언이 아니다. 신하들이 임금을 견제하기 위해 마련한 언로가 언관제도였다. 언관들은 충성을 앞세워 임금의 독주를 견제해 왔다. 이처럼 신하가 임금의 독주를 철저히 견제한 국가가 어디 있었겠는가.

부모가 자녀를 교육할 때에도 바른말을 판단해 그 말을 듣도록 하는 훈련을 시켜야 한다. '좋은약은 입에 쓰고 바른말은 귀에 거슬린다' 는 옛말은 듣는 이의 감정을 정확하게 드러낸 말이다. 자신의 판단이 옳은지 그른지는 항상 생각해 볼 문제이다. 옳다고 판단한 사실도 참이 아닐 가능성이 있다. 완벽해 보이는 사람도 언제든 잘못된 판단을 할 수 있다. 오로지 자신의 생각만 믿고 밀어붙이는 것은 어리석은 일이다. 그 고집이 때로는 남에게 피해를 주는 악한 짓이 될 수 있다. 남이 하는 말을 무조건 받아들일 필요는 없어도 최소한 남이 하는 말을 경청해 마음속으로 되씹어 생각해 볼 필요가 있다. 자성의 차원에서 말이다.

자녀들에게 자신의 생각을 확신하기 전에 반드시 남에게 의견을 물어보고 판단에 참고하라고 가르쳐야 한다. 세상에 절대로 좋은 것, 나쁜 것, 절대 선과 절대 악은 있을 수 없다. 사물에는 동전처럼 두 면이 있으며 선과 악도 상황에 따라서 달리 판단될 수 있는 것임을 깨닫게 해야 한다. 영양이 생존에 필요한 것이지만 과도하면 질병을 가져오는 것과 마찬가지이다. 사고의 유연성을 길러주고 다른 의견을 경청하고 자신의 판단에 참고하는 것이 기회주의자나 회색주의자의 논리가 아니라는 사실도 가르쳐야 한다. 과거의 이념이나 생각에 사로잡혀 현재를 바로보지 못하는 것은 개인의 불행일 뿐만 아니라, 이러한 지도자를 가진 나라는 국가 전체의 불운이라 할 수 있다. 과거를 극복하고 열린 생각을 하는 것이야말로 균형 잡힌 사고와 건강한 삶을 보장한다.

# 친족관계 속에서 다양한 인간관계를 경험하게 하라

사람은 자기중심으로 생각하고 행동하는 경향이 있다. 상대의 입장을 이해하려는 노력을 하지 않으면 자신도 모르게 자기 생각에 파묻혀 옹고집이 될 수 있다. 옹고집은 일을 그르치고 발전을 막는다. 타인의 입장에 서고 남의 이야기를 들어야 한다. 선인들은 나와 상대의 입장을 바꿔 생각하도록 하는 역지사지를 권했다.

윤선도는 평생 주인을 모시는 종의 입장에서 생각해 보라고 아들에게 권했다. 하인들이 삶의 재미를 느끼게 허용해야 한다고 말했다. 종이 시장에 나가서 면포나 마포를 팔아 오도록 할 때에는 일정액 이상은 챙기지 말고, 그들이 과외수입을 가지도록 내버려 두라고 했다. 그리고 근무 시간에 일하고 나머지 시간에는 쉬도록 해서 인생의 재미를 느낄 수 있도록 해야 한다고 권했다.

윤선도는 천민들의 생활에 연민을 가지고 그들이 삶의 의미를 가지고서 좌절하고 포기하지 않도록 해야 한다고 생각했다. 그러기 위해서 천민도 작은 재물이라도 모을 수 있고, 일하고 잠시라도 쉬는 시간을 가질 수 있어야 하며, 인간으로서 기본 생활을 하도록 허용해야 한다고 생각했다.

윤선도가 말했듯 오늘날에도 사람 사이에는 서로 입장을 이해하고 고려할 수 있는 능력이 필요하다. 사회에서 출세하고 성공하는 사람들은 지능이 매우 높아 지적으로 유능한 사람들이라기보다는 역지사지하고 인간관계를 잘 하는 정서지능이 높은 사람들이다. 정서지능이 일반 지능보다도 성공을 더 잘 예측할 수 있다.

다른 사람의 요구에 귀 기울이고 그가 원하는 것이 무엇인가를 민감하게 알아차리고 반응하는 사람은 적응력이 높은 사람이다. 자기가 처한 위기에서 다른 이들의 도움을 얻어내는 능력을 가지고 있다.

어린 자녀에게 역지사지하는 성품을 키워주려면 어떻게 해야 할까. 우선 어린 자녀를 여러 사람들과 다양한 경험을 하도록 할 필요가 있다. 나이가 많은 노인을 보게 하고, 또래나 형제 등 연령이나 성별이 다른 사람들과 만나서 놀게 할 필요가 있다. 때로 상대와 겨루고 싸우고 협력하는 행위를 배울 필요가 있다. 할머니, 할아버지, 아저씨, 아주머니, 형, 누나, 나이가 적은 아기 등 여러 사람들은 처한 입장이 다르고 달리 생각하고 살아간다는 것을 경험으로 배울 수 있기 때문이다. 이것을 아는 것만으로도 인간 이해의 기초 학습을 한 것이다.

예전 큰집 제삿날이면 마을 사람들은 모두 기다렸다. 아이들은 졸면서도 제사상을 기다리다가 아침에 눈을 뜨면서 작은 상이 왔는지를 묻곤 했다. 엊저녁 제사음식을 할아버지에게 드리라고 작은 상에 받쳐서 보냈을 것을 알기 때문이다. 할아버지는 밥 몇 숟가락과 국 몇 모금 뜨시고 상을 물리셨을 것이다. 한밤 중에 많이 먹으면 속이 안 좋다는 이유를 대시면서.

구수한 탕의 맛을 알기까지는 오랜 세월이 걸리지만, 아이들은 제사상에 오른 밤과 약과를 좋아한다. 알밤은 입속에서 녹듯이 사각거렸다. 약과의 꿀맛에 감추어진 그 튀김 맛은 온종일 스르르 입속에 남아 있었다.

간식이 적던 시절에 아이들은 제사상이 오기를 기다렸고, 밤늦게 어른이 계신 집에 돌아오던 상이 늘 시장기를 느끼던 어른에게나 아이들에게는 모처럼의 기쁨이었다. 이 소박한 기쁨이 크리스마스 케익 문화로 변하는데 불과 수십 년도 걸리지 않았다.

실제로 먹을 것이 궁하던 시절에 제사상은 잔치상과 같은 축제의 의미가 있었다. 어려운 이웃들이 음식을 나눠 먹던 관습이 음식이 풍부해진 현대에는 큰 의미가 없다고 할 것이나, 당시에 친척집의 제사는 잔치와 같았다. 조상을 기억하는 의례란 사람들이 모여 음식을 나눠 먹는 의미가 강했다.

제삿날 젊은 어머니들은 귀찮고 고달프다. 그렇지만 친척들이 모여서 올리는 제사의식 속에는 아이들을 위한 좋은 교육의 의미가 감춰져 있다. 이러한 미덕에 눈떠서 아이를 교육시키는 어머니는 현명하다. 아이들은 자신의 뿌리가 확실하다는 생각을 한다. 그리고 친족관계 속에서 다양하고 든든한 관계를 배운다. 이 소속감은 누가 가르쳐서 될 일은 아니다. 스스로 많은 사람들과의 관계 속에서 느끼는 것이기 때문이다.

우리가 어린이에게 혈연관계를 가르치지 않더라도 아이는 마음속으로 가계도를 그린다. 삼촌, 이모, 고모와 할머니의 관계가 그림으로 그려진다. 때로 한 사람이 나와의 관계는 알겠는데 각각의 관계를 잘 모를 때가 있다. 제삿날, 잔치날 사람들이 모여서 서로 인사를 나누고 호칭을 사용하는 것을 보면서 그들 사이의 관계를 가늠할 수 있다. 사람을 분류하고 서열화하고 그리고 각각의 관계를 인지하는 능력이 저절로 키워지는 것이다. 이 좋은 사회학습장을 왜 피하겠는가.

그러나 현재 제한된 생활경험을 하는 젊은 사람들은 흔히 자기중심 생활태도에서 벗어나기가 쉽지 않다. 형제도 없고 핵가족에서 한 부모와 사는 경우가 점점 늘어나면서 이들을 어떻게 타인에 대한 이해와 배려에 대해 교육할 것인가는 매우 중요한 일이다. 침팬지나 원숭이를 무리에서 떼어내 혼자 성장하게 한 후 다시 그 무리 속에 집어넣어도 사회생활을 제대로 하지 못하는 경우가 많다고 한다. 어떻게 남과 어울리는지를 모르는 원숭이는 새로 친구를 만났을 때 싸우기 일쑤이고, 심지어 새끼를 낳았을 때에도 다독거리고 돌보는 방법을 몰라 물어뜯고 내치고 했다. 원숭이나 사람이 사회적 동물이라는 사실에서 크게 다르지 않다면 혼자 성장하는 아이들이 성인이 되었을 때 또래들과 잘 어울리고 자녀를 낳아 잘 키우고 교육하는데 훈련이 부족할 것임을 예상할 수 있다.

이러한 문제를 해결하기 위해서는 아동에게 사회적 관계를 맺어주는 친족모임이나 또래모임을 자주 열어주거나 어린이집이나 유치원 등에 보내서 사회적 관계를 학습하도록 해야 한다. 집안에 갇혀 혼자 인터넷

게임을 즐기면서 성장하는 아동이 성인이 되었을 때 어떠할지를 생각해 보라. 인터넷과 사이버 세계에서만 움직여온 아동은 오프라인에서 사람을 직접 대면했을 때 그 관계를 감당하지 못할 수가 있다. 실제로 청소년들 사이에서 사이버 걸에만 매력을 느낄 뿐 실제 여성에게는 매력을 느끼지 못하는 경우도 늘어나고 있다. 사람이 아닌 기계 안의 영상만 보고 접한 아동의 미래모습이 매우 걱정스럽다.

## 형제끼리 나누고 보살피게 하라

요즈음 가정은 외둥이가 많고 형제가 드물다. 형제가 있다 하더라도 그 수가 많지 않다. 홀로 크는 지금의 아이들은 형제관계 속에서 배울 수 있는 많은 것들을 놓치고 있다. 무엇이든 혼자 해야 한다는 사실 또한 안타깝다.

흔히 형제간 우애가 깊다고 하면 서로 존중하여 형이 동생을 보살피고 동생은 형에게 복종하는 사이만을 생각하기 쉽다. 기록에는 근세에 이름난 재상 중에 형제간의 우애가 깊은 사람들은 정승 안현과 정승 이준경이 제일이라고 칭찬한다.

안현은 정승이면서도 형 안위를 섬기기를 아버지같이 하여 공경하였다. 형에게 평상 아래에서 절하고, 응답할 때에도 공손하게 대하였다. 정승 이준경은 형 윤경을 친한 벗처럼 대했다. 앉을 때에는 무릎을 맞대고,

누울 때에는 베개를 같이 베고 누워서 웃으며 '너'라고 부르며 가끔 놀리기도 했다.

두 정승집의 우애가 그 행동으로 보면 엄청난 차이가 있다. 안현과 안위는 서로 공경하고 보살피는 것이 남다르고, 이준경과 이윤경은 형제끼리 스스럼없이 너니 나니 하면서 친밀하게 지냈다. 이처럼 두 집안의 형제애 방식이 다르긴 했지만, 당대 사대부들이 모두 두 집안의 각별한 형제 사랑을 흠모했다.

그러나 형제간 우애도 탐욕에 가려 잘못되는 경우가 허다하다. 아버지가 돌아가시면 묘소에 흙이 마르기도 전에 형제간에 재산 싸움으로 소송이 붙는 일이 예전이나 지금이나 없지 않다. 물욕이 형제간의 우애를 가를 수 있다.

고려 공민왕 때 한 형제가 함께 길을 가다가 아우가 황금 두 덩이를 주워 그 중 하나를 형에게 주었다. 강에 이르러 배를 같이 타고 건너다가 아우가 갑자기 금덩이를 물에 던졌다. 형이 이상하게 여겨서 물었다. 그러자 아우가 말하기를 "제가 항상 형님을 매우 사랑했는데, 지금 금을 나누어 가지고 나서 문득 형을 싫어하는 마음이 생겼어요. 금이 상서롭지 못한 물건이라서 강에 던져서 잊어버리는 것만 못합니다." 하였다. "네 말이 진실로 옳다." 하면서 형도 역시 금덩이를 물 속으로 던졌다.

금 두 덩어리를 나누어 가지고서도 형이 없었다면 동생이 없었다면 그 금 두 덩어리가 모두 자신의 것이 되었을 것이라는 생각이 드는 것을 어쩔 수 없었다. 그 물욕으로 인한 심리적 갈등을 극복하기 위해서 어려운 살림에도 금 두 덩어리를 강물 속에 던져버렸던 것이다.

　이운경, 이준경 형제처럼 아동은 형제관계 속에서 놀이동무를 찾고 경쟁자를 찾고 협력자도 찾고 상담자도 찾고 선배와 스승도 찾는다. 나이 터울이 적은 형제는 친구로 놀이동무로 동시에 성장하는 사이로 친밀한 우애관계를 이룬다. 또한 비슷한 상대인 형제는 경쟁관계로서 서로 상대를 이기기 위해 애쓴다. 형이 이룬 것을 동생이 이루려고 노력하고, 어쩌다 동생이 앞서면 그것을 따라 가느라고 형은 더 노력하게 된다.

　형제는 경쟁관계이면서 또한 협력관계이기도 하다. 형이 못하는 일을 동생이 돕고 동생이 못하는 일을 형이 돕는다. 그리고 어려운 일이 있을 때마다 서로 의논하는 상담자가 된다. 동생에게 형은 선배이고 선생이다. 앞서서 경험한 바를 동생이 보고 따르기 때문에 형이 있어서 동생은 매사가 수월하다. 이윤경이 공부한 바를 어깨 너머로 본 이준경이 공부를 열심히 한 것은 자연스러운 일이다.

　실제로 형이 공부를 열심히 하면 동생은 으레 그러는 것인가 보다 하고 갈등 없이 공부한다. 형이 부모에게 효성을 바치면 동생은 으레 그래야 하는 것이려니 하고 따른다. 형이 고민하고 갈등하면서 결정한 것들을 동생은 고민 없이 갈등 없이 따르게 마련이다.

　첫 길을 가는 사람은 힘든 길을 간다. 날은 흐리고 눈이 쌓여 어디가 어딘지 구분하기 어려울 때 첫발을 한 발 두 발 내딛는 것은 두렵고 힘든 일이다. 어디에 도랑물이 있는지 어디에 낭떠러지가 숨어 있을지 모르기 때문이다. 두 번째 길을 가는 사람은 앞서 간 사람의 발자국을 따라서 쉽게 갈 수 있다. 형은 동생에게 미리 세상을 살아간 모델이다. 동생은 형이 밟고 간 발자국을 따라 딛는다. 앞이 막막할 때 앞서 간 사람의 발자국은 훌륭한 스승이 된다. 형에게 동생은 자신의 삶을 되풀이하는 거울이다. 형은 동생에게 자신의 실수를 되풀이하지 않도록 가르치고 인도한다. 성공한 형은 동생에게 성공의 모델로서 본받게 되는 모델로서 도움이 되고, 실패한 형은 동생에게 실패의 위험을 경고하는 모델로서 도움이 된다.

내가 재직하고 있는 대학의 선배 교수는 형제가 여섯 분이다. 그 형제들이 모두 사회적으로 성공하여 더할 나위 없이 좋은 조력자이자 인맥을 형성하고 있다고 많은 이들이 부러워한다. 나는 그 형제분들이 인생의 동반자로서 서로를 위하며 얼마나 든든하게 생각할지를 상상해 보았다. 우애 있는 형제를 보는 것은 아름다운 그림 한 폭을 보는 것과 같이 보는 이에게도 기쁨을 준다.

성담수, 성담년 형제는 명석하고 성실할 뿐 아니라 바른 성품을 지니고 있었다. 성담수는 동생 성담년과 함께 시문에 풍치가 있기로도 유명하였다. 두 형제뿐 아니라 이 가문에는 성삼문을 비롯해 재주 있는 사람들이 대대로 많았다.

성씨 문중에 성담수가 과거를 급제한 뒤에 집안에 엄청난 사건이 있었다. 육촌 형인 성삼문이 단종 복위를 꾀하다가 죽임을 당했다. 그리고 교리를 지낸 부친 성용회가 단종 복위와 관련해 유배를 갔다가 돌아와 화병으로 죽었다.

성담수의 아버지가 돌아가시자 어머니도 아버지를 따라 일찍 세상을 떴다. 부모가 돌아가시자 3년 상을 치르고 난 후에 성담수는 형제들을 불러 모아 놓고 재산을 분배했다. 형제가 10여 명이나 되었다. 성담수는 좋은 물건이나 젊고 튼튼한 하인은 모두 동생들에게 주었다. 자신은 변변

치 못한 물건을 가리키며 "이건 부모님이 아끼던 물건이니 내가 가져야
겠다"고 말했다.

형제 중에 가난한 선비 이정견에게 시집간 누이동생이 있었다. 마침 그
누이동생은 집이 없었다. 성담수가 부모가 살던 집을 누이동생에게 주겠
다고 했다. 그러자 동생들이 "부모님이 계시던 집은 장자가 가져야 합니
다" 하며 한결같이 말렸다.

성담수가 말하기를 "다 같은 부모의 자식인데 나 혼자 집을 가질 수 없
다"고 대답했다. 그리고 성담수는 자기가 가지고 있던 무명을 팔아 그 돈
을 이정견에게 주면서 집을 사라고 했다. 형이 무명을 팔아 돈을 주는 것
을 본 동생 성담년도 가재를 팔아 이정견에게 주어서 누이동생이 집을
마련하도록 도왔다. 두 형제가 그처럼 합심하여 어린 여러 동생들을 차
례로 장가들이고 출가시키니 10여 명의 형제가 화목하고 집안이 평화로
웠다.

재산이 있거나 없거나 부모가 돌아가고 나면 묘소에 풀이 자라기도 전
부터 상속으로 형제간에 사이가 벌어질 수 있다. 상속에서 손해를 보았
다고 여기는 동생이 형을 소송에 붙이는 일이 드물지 않다. 성담수는 형
제간 왕위 다툼을 하는 것을 들었고, 삼촌이 조카의 왕위를 빼앗기 위해
충신을 죽이고 조카를 죽이는 것을 보았다. 욕심이 살육을 부르고 의를
저버리는 것을 보면서 무엇을 느꼈을 것인가.

성담수는 모든 갈등의 근원이 욕심에 있다고 보았을 것이다. 탐욕이 화
를 부르는 근원이고, 형의 재물 욕심이 동생과의 우애를 단절하는 원인
이라고 본 것이다. 성담수는 동생들에게 양보하고 자기 이익을 희생함으

로써 갈등을 예방하고 우애를 높였던 것이다.

오늘날 형제를 키우는 부모는 다른 무엇보다도 우애를 강조한다. 형제 간 경쟁심리를 부추기지 않고 협동과 사랑을 가르치는 것보다 더 중요한 것은 없다. 가장 가까운 사람이면서 재물 때문에 의가 갈리는 것은 어리석은 짓이다. 성담수와 같이 형 노릇을 하고 성담년과 같이 형을 위하면 형제간 사이는 우애롭고 화평하다. 이보다 더 값진 일이 있을까. 성공보다도 더 귀한 것은 화평한 형제의 모습이다.

# 먼저 자녀의 기질을 파악하라

십여 년 동안 성장해 가는 아들을 보면서 아들의 됨됨이를 알 수 있어 미더운 경우가 있고 그렇지 않은 경우가 있다. 사람은 세월과 더불어 많이 달라지는 존재가 아닌 듯하다. 어릴 적 모습이 그대로 성장한 후에도 남아 있다. 행동자세는 물론이고 사고능력과 성정이 그대로 유지된다. 아동기의 기질이 성인이 된 후에도 그대로 남아 있기 마련이다. 다혈질의 성급한 기질이나 느리고 신중한 기질은 바뀌지 않는다. 조바심 치고 가벼운 기질이나 낙천적이고 느긋한 기질도 바뀌지 않는다. 훈련과 교육으로 다소 통제력이 증가될 수 있어도 타고난 근본은 바꾸기 어렵다.

출생 후 자녀의 기질을 확인해 기르고, 성장하는 자녀의 판단을 믿고 지켜 볼 수 있는 부모는 참으로 행복한 사람들이다.

조선 중기 금천에 사는 조석윤이 과거에 급제하기 전에 일이 있어서 서울에 올라왔던 적이 있었다. 다음 날 어떤 사람이 석윤의 아버지 조정호에게 와서 말했다.

"내가 지금 노량진에서 오는데 당신 아들이 썩은 배를 탔다가 파선되었네."

이야기를 듣고서 조정호가 천천히 말했다.

"우리 아이가 어찌 썩은 배를 탔겠는가. 자네가 잘못 본 것이 아닌가?"

"내가 석윤을 익숙하게 아는데 어찌 얼굴을 잘못 보았겠는가?"

아버지가 다시 담담하게 말했다.

"오늘만 기다려보면 알겠지."

손님이 가고 얼마 안 있어 아들 석윤이 왔다. 아버지가 손님이 한 말에 대해 물어보니 처음에 썩은 배를 탔다가 살펴보니 배가 위태로워서 곧 다른 배로 옮겨 탔다고 했다. 손님은 석윤이 배를 옮겨 탄 것을 다시 살펴보지 못했던 것이다.

모든 부모들은 이처럼 신중하고 판단이 정확한 자녀를 두고 싶어 한다. 그렇지만 타고난 재주와 천성은 바뀌지 않는다. 그렇다고 실망하고 돌보지 않는다면 더욱더 문제가 될 수 있다. 다소 결점이 있는 자녀도 스스로 그 결점을 보완해 가도록 믿고 가르쳐야 할 일이다. 결점이 없는 완전한 인간은 드물다. 대부분 크든 작든 가지고 있는 결점을 스스로 보완하도록 지도하고 이끌어야 한다. 그러기 위해서는 아이를 키우는 과정에서 그 능력과 성품을 알고 이해하는 일이 우선되어야 한다. 그 뿐 아니라 자녀의 바른 판단을 기대하고 또한 신뢰해야 한다. 부모가 자녀를 신뢰할 때 그 자녀는 부모의 믿음에 보답하려고 노력한다. 신뢰는 신뢰를 낳고 불신은 불신을 낳는다는 것은 부모 자녀 사이에도 마찬가지로 적용될 수 있다. 타고나지 못한 점을 보완해가는 과정에서 부모의 사랑과 신뢰가 필수적이라는 사실을 기억해야 할 것이다.

# 탐구거리를 발견하도록 기회를 제공하라

아이가 공부를 처음 시작할 때는 부모님의 등쌀에 못 이겨 그저 책상머리에 앉아 이리저리 장난도 치고 이책 저책 들추어보다가 문득 흥미로운 탐구거리를 발견하게 되는 경우가 있다. 그렇게 되면 오히려 이번에는 쉬어가면서 하라는 말도, 밥 먹으라는 말도 귀에 들어오지 않을 때가 있다. 잘 풀리지 않는 전혀 새로운 문제이거나, 지금까지는 생각지도 못했던 흥미로운 자연 현상이나 우주 현상에 관한 글처럼 흥미와 호기심이 생기면 말이다.

가장 바람직한 공부는 바로 탐구심에서 출발하고, 탐구심에서 출발하다보니 재미가 붙고 흥이 나서 몇 시간이고 붙들고 있어도 힘겹거나 지루하지 않다. 우리는 흔히 공부하려는 마음은 탐구심에서 생기고, 그 탐구심은 우리 주변에서 일어나는 일에 대해 관심을 가지고 차분히 생각하다보면 자연스럽게 생기는 것으로 생각한다. 하지만, 그에 앞서 공부하는 사람이라면 누구나 가져야 할 마음가짐 같은 것이 있다. 바로 사람으로 태어나 배우는 일이 중요하다는 것을 느끼고 깨우치는 일이다. 다섯 살 어린 나이에 그 문제에 대해 생각한 아이가 있었다.

조선조의 학자 이산해는 일찍부터 학문에 대한 예사롭지 않은 재능을 보였다. 어려서부터 총명하여 5세에 숙부인 이지함에게서 글을 배웠고 6세에도 글을 잘 써 신동으로 불렸다.

이산해가 다섯 살 때의 일이다. 하루는 어린 조카 이산해가 글 읽기에 빠져 밥 먹는 것도 잊어버리고 있자, 숙부는 혹시라도 병이 날까 걱정이 되어 조카를 타일렀다.

"산해야, 글도 좋지만 제때 제때 밥을 먹어야 몸이 건강하단다."

"네, 조금만 더 읽고 먹겠습니다."

"어허, 너 같은 아이는 처음 보겠구나 그래. 온종일 먹을 것만 찾을 나이에……"

"걱정 마십시오, 숙부님. 읽으려고 마음먹은 데까지 얼마 남지 않았습니다."

"그럼 좋다. 지금이 밥 먹을 때니까 내가 '배고플 기飢 자' 와 '때 시時 자' 를 줄 터이니, 그것을 넣어 시를 지어 보거라. 그것만 짓고 밥 먹기다."

"좋습니다."

조카가 걱정이 된 숙부는 글을 그만 읽고 어서 밥을 먹으라는 뜻으로 그 두 글자를 넣어 시를 짓도록 하였는데, 이산해는 다음과 같은 시를 즉

석에서 지었다.


　밥이 늦어도 걱정인데
　하물며 배움이 늦음에랴
　배가 고파도 걱정인데
　하물며 마음이 고픔이랴


　집이 가난해도
　마음 치료할 약은 있으니
　둥근 마음달이 떠오를
　그때를 기다려야지


　산해처럼 자기 발전을 도모하고 스스로 작동하는 아이가 있다. 저절로 이루어진다는 말은 이러한 아이를 보고 하는 말이다. 이러한 아이에게는 교육이나 지도는 최소한으로 필요하다. 아이가 스스로 방향성을 지니고 탐구하고 추진하기 때문에 별다른 교육이 없어도 스스로 성취한다.

# 스스로 깨우쳐 학습의 동기를 갖게 하라

자녀를 잘 기르려는 뜻에서 부모들은 자녀에게 자신이 아는 것은 물론이고 모르는 것과 다른 사람들이 알고 있는 모든 지식을 가르치려고 한다. 자녀가 그러한 부모의 뜻을 받아들여 지식을 알게 되면 그 교육으로 나날이 지식이 쌓이고 학식이 높아지겠지만, 실제로 자녀는 그 많은 지식을 받아들이려 하지 않는다. 스스로 깨우쳐 학습의 동기를 가지지 않는 한 자녀는 그저 부모의 열의에 놀아나는 구경꾼에 불과한 경우가 많이 있다.

부모는 월급을 쪼개서 자녀를 학원에 보낸다. 이 학원 저 학원 유명하다고 알려진 강사에게 맡기면 공부를 하려니 생각한다. 아동은 부모가 보내니 어쩔 수 없이 학원에 가 앉아 있지만 어디까지나 구경꾼일 뿐 스스로 학습하지 않는다. 강사가 문제 푸는 것을 구경만 했을 뿐 스스로 문제를 해결해 보려고 애쓰지 않으니 실력이 늘지 않는다. 돈과 시간을 썼지만 능률이 오르지 않는다. '소를 물가에 끌고 갈 수는 있어도 물을 먹일 수 없다' 는 속담과 같은 이치이다.

조선 중기 문신인 신광한은 어려서 부모를 여의었다. 고아가 된 신광한을 여종이 길렀다. 여종이 부모 대역을 했으나 그녀 역시 글을 모르므로 나이 들어 늙도록 정성을 다해 상전의 아이를 기르기만 했을 뿐 글을 가르치지 못했다. 그래서 신광한이 나이가 열여덟이 되어도 글을 알지 못했다.

어느 날 이웃 아이와 냇물에서 장난치고 놀다가 그 아이가 광한을 발로 차서 물 속에 엎어뜨렸다. 광한이 화가 나서 소리쳤다.

"네가 종인데 어찌 감히 공자를 업신여기고 물속에 엎어뜨리느냐?"

"너처럼 글도 모르는 아이도 공자란 말이냐? 무상공자일테지."

무상공자가 무엇인가? 신광한은 그 말을 주위사람에게 물어보았다. 그 애가 말한 무상공자란 게를 뜻한다는 것을 뒤늦게 알았다. 종의 아이가 문자를 써가며 자신을 놀린 것에 광한은 큰 충격을 받았다.

광한은 무지함을 크게 부끄럽게 느꼈다. 부모가 없는 고아여서 가엾은 것이 아니라 무지해 글을 모르는 까막눈이로 학문세계에 들어가지 못한다는 것이 수치로 다가왔다. 그리고 생각할수록 무지하다는 사실이 처절하게 느껴졌다. 아무것도 모른 채 이 나이까지 태평으로 놀고 지냈다는 회한이 밀려와 여러 날을 뜬눈으로 밤을 지새웠다.

신광한은 마음을 고쳐 굳게 결심하고서 글공부를 시작했다. 그는 타고난 재주가 있었던 터라 글을 빨리 익혀 주위 사람을 놀라게 했다. 스스로 철이 들어 공부하려는 동기가 강했던 터여서 낮과 밤을 가리지 않고 공부하였으므로 글공부 속도가 유난히 빨랐다. 1년 후인 열아홉에 과거시험에 나가 급제하여 벼슬길에 올랐고, 조선 관료직의 꽃이라고 할 대제학을 20년 동안이나 지냈다.

신광한이 이렇게 공부에 매진해 큰사람이 될 수 있었던 이유는 확실한 동기가 있었기 때문이다. 학습하려는 강한 동기가 생기려면 어떤 계기가 있어야 한다. 어떤 계기에 진정으로 스스로 이 처지를 이겨나가지 않으면 안 되겠다는 무서운 결심을 해야 한다. 가난해서 공부 이외에 다른 탈출구가 없다고 절감하거나, 친구들에게서 공부를 못한다고 무시당했거나, 여자친구가 대학에 떨어졌다고 헤어지자고 했거나, 어떤 계기에 충격을 받아서 굳은 결심을 하면 달라질 수 있다. 조선사회에서 어머니가 소복을 하고 머리를 풀고서 사당에 가서 칼을 눈앞에 두고 비는 것과 같은 극적 효과를 낼 계기가 있어야 한다.

자녀가 공부를 게을리하는 것을 가만히 들여다보면 부모도 잘못한 일이 여러 가지 있다. 첫째 잘못은 부모가 모든 것을 해결해 주어 세상에는 스스로 해결해야 할 위기가 많이 있다고 느끼지 못하게 한 점이다. 둘째 잘못은 아동에게 부모가 가난하다고 말하지 않고, 아동이 원하는 것은 무엇이든 구해주고 사준 것이다. 셋째 잘못은 부모가 명퇴를 당하거나 사업이 망하여 모든 것을 잃어버릴 수 있으며, 실제로 세상에는 그런 사람들이 많이 있다는 것을 알려주지 않은 점이다. 사람은 위기를 당해서 긴장하고 갈등하고 무력감을 느끼지만 그러한 과정을 통해서 스스로 강해지고 성숙한다는 것을 염두에 두어야 한다. 위기가 사람을 강하게 훈련시킨다는 점을 잊어선 안 된다. 그러니 부모는 자녀에게 가끔 위기감을 느끼게 해 주어야 할 것인데 한국 부모들은 닥친 위기도 숨기려 한다.

이항복은 어려서부터 사람을 좋아하고 놀기를 좋아하는 호방한 기질이 있었다. 오늘날 같으면 리더십의 자질이라고 해야 할 것이다. 이항복이 많은 친구들과 어울리면서 놀고 장난하기를 좋아하여 도통 공부를 하지 않았다. 아버지도 일찍 돌아가시고 홀로 된 어머니가 막내아들을 잘 키우려 애썼다. 어머니가 여러 번 아들에게 공부하라고 타일렀으나 이항복이 듣지 않았다. 기다리면서 아들을 타이르고 타이르다가 설득이 안 되자 보다 못한 어머니가 특단의 조처를 취했다.

하루는 어머니가 소복을 하고서 집안 사당 앞에서 식음을 전폐하고 머리를 풀었다. 그리고 칼을 앞에 두고서 조상들께 이항복을 잘못 키운 죄를 빌었다.

앞마당에서 이곳저곳을 뛰어다니던 항복이 어머니가 자결하려는 줄 알고 깜짝 놀랐다. 항복이 어머니 앞에 가서 땅에 엎디어 이마를 조아리고 이후에 다시는 한눈팔지 않고 공부에 전념하겠으니 제발 한 번만 용서해 달라고 빌었다. 이에 어머니가 아들을 타일렀다.

"네가 이러는 것은 아버지 없이 너를 기르는 동안 내가 교육을 잘못 한 탓이다. 자식을 잘못 기른 죄로 조상 앞에 갈 면목이 없어 죽지도 못할 죄인이니, 이 칼로 머리를 잘라서 조상께 내 잘못을 사죄하려는 것이다. 남자가 호탕하고 의리가 강한 것은 좋은 일이나 그 호탕함이 충분한 인격과 교양으로 받쳐지지 못하면 일개 한량으로 유명해질 뿐 장래 사회에 공헌할 큰 재목이 될 수 없다."

항복이 이 말을 듣고 크게 깨달은 바 있어 잘못을 뉘우치고 어머니의 근심을 덜어드릴 것을 굳게 약속하였다. 이항복은 이후 학문에 전념하여 과거에 급제하고 관직을 두루 거쳐 영의정에 이르렀다. 그의 바른 정신은 많은 사람들의 존경을 받았다.

전자오락게임기도 없고 인터넷이 없을 그 시절에도 아이들은 노는 것을 좋아하고 공부를 싫어했다. 공부는 엄청난 집중력을 필요로 하는 재미없고 힘든 일이다. 예전이나 지금이나 공부를 싫어하는 것은 모든 아이들의 공통된 현상이다. 공부를 즐긴다는 것은 수십 년의 힘든 과정을 거치고 나서 어느 경지에 오른 사람의 말일 뿐이다. 성인도 그러한 경지에 오르는 것이 쉽지 않은데 하물며 어린 아이들이 그렇게 될 리 만무하다.

그러니 책상에 앉아 있어도 마음은 놀이와 인터넷의 콩밭에 있기 마련이다. 요즈음 부모들은 아이들이 인터넷바다에서 어찌 헤어나오게 할지가 큰 과제이다. 잠을 잔다고 안심하고 부모가 자면 그때 중학생 자녀가 몰래 일어나 밤새 전자오락을 한다는 것은 그 나이 또래를 키워본 부모면 대부분 경험한 사실이다. 청소년 자녀를 두었을 경우에 우리 아이는 예외일 것이라고 생각하는 것은 착각이다. 대부분 청소년 자녀가 그럴 수 있다고 보아야 한다. 딸보다는 아들이 몇 배나 더 심하다는 것일 뿐 남자 청소년들에게 개인 차이는 별로 없다고 보아야 한다.

이항복이 요즈음 시대에 태어났더라면 어찌 되었을까. 이처럼 재미있는 인터넷 게임에 몰입하지 않았을 리 없다. 밤새 눈이 붓도록 게임을 했을 것이다. 그리고 자신의 시대에 살았던 조선 영웅의 이야기를 가지고 상상을 통해 게임 대본을 쓰고 벤처 회사를 차리겠다고 나섰을지 모른다. 그 재기와 창의적 사고와 도량으로 오늘날에 성공한 청년기업가가 되었을지 모른다. 게임에 빠져 공부하지 않는 아들을 둔 항복의 어머니는 어떻게 자극을 주었을까. 교회에 가거나 절에 가서 기도했을지. 아니면 항복이 좋아하는 여자친구에게 부탁을 했을지 모른다. 그 결과는 어떠할까. 어머니의 눈물어린 설득에 감동해서 결심을 굳혀 공부하여 대학에 진학해 컴퓨터 전공 박사가 되었을지 모른다.

아니면 현대 이항복의 어머니라면 아들의 개성을 존중하고 아들이 소망한 대로 살도록 내버려 두었을지 모른다. 그 결과는 어떠할까. 명문대학에는 가지 못했어도 벤처 회사 사장으로 수출을 엄청나게 하는 성공한 기업가가 되었을지 모른다. 어떻든 이항복의 장난기어린 행동은 여전할 것이고 그 상황판단은 정확할 것이다. 그 외에 이항복은 창의적 사고와 너른 도량으로 성공한 사람이 되었을 것이다. 어느 시대 어느 곳에서든 될성부른 나무는 떡잎부터 다르다고 생각하면 지나친 비약일까? 부모는 자녀의 타고난 재능과 성품을 살펴보아야 한다. 부모는 우선 자녀가 될성부른 떡잎인지 아닌지를 살펴보시라.

# 아이의 자아정체성을 먼저 견고히 형성시키라

해외 유학의 뿌리를 거슬러 올라가면 신라의 최치원이 처음이 아닌가 싶다. 요즈음에도 자녀를 해외 유학을 보내려면 두려움이 앞선다. 하물며 천백 년 전에 배를 타고 험한 바다를 건너 유학을 보내려면 얼마나 큰 용기가 필요했을 것인가.

최치원은 12세에 혼자 당나라로 가는 배에 올랐다. 아버지는 어린 아들에게 "성공하지 못하면 고국에 돌아오지 말라"는 엄포를 놓았다. 최치원의 아버지와 같이 이제나 저제나 어린 아들을 타국에 보내는 아버지의 심정은 같을 것이다. 외국어 학습의 전환기인 14세가 되기 전에 아들을 유학 보낸 아버지는 선견지명이 있었지만, 지금 생각해도 큰 모험을 한 사람이다. 다행이도 아들의 재능과 학문에 대한 열의가 부친의 기대를 충족시켜 준, 운이 좋은 사람이었다.

최치원은 열심히 공부해 18세에 당나라의 지방 시험에 급제하고 당의 지방 관리로 일했다. 문장이 뛰어나 중국 관리 고변高骈의 종사관으로 근무할 적에 「토황소격문」을 지어 황소의 난을 진압하는데 큰 몫을 했다는 이야기는 잘 알려져 있다.

한국인의 교육열은 세계 그 어느 민족에 뒤지지 않는다. 지난 수십 년 동안 열사의 사막에서, 열악한 공장에서 번 돈으로 알뜰 살림을 하여 경제사정이 나아진 5, 60대 부모들은 교육여건이 나은 외국으로 자녀를 유학 보냈다. 세계화의 물결을 먼저 타서 좋은 교육제도에서 잘 배우고 전 세계 친구들과 교우하여 좁은 조국에 머물지 말고 세계시장에 진출하기를 바라는 뜻에서였다. 교육에 투자하는 것보다 더 가치 있는 투자는 없다고 생각했다.

그러나 자녀가 선진교육을 받는 대가로 가족은 이산의 고통을 치러야 했다. 아이만 혼자 외국에 보내기가 걱정스러운 나머지 어머니가 함께 떠나는 집이 늘어났다. 기러기 아빠들은 자식 교육 잘 시키려는 일념으로 허리가 휘도록 돈벌어 비싼 학비와 생활비를 보내고 자신은 수년씩 외로움과 궁핍한 생활을 감수하고 있다. 가정경제 사정이 괜찮을 때에는 국내 학원비가 비싸다는 이유로 할 만한 투자라고 생각했으나 경기가 기울면서 부도와 명예퇴직으로 매달 보내는 돈이 큰 부담이 되었다. 점점 허리띠 조여 매는 기러기아빠의 희생과 고생이 이만저만 아니다.

게다가 유학을 간 아이가 공부를 잘 하면 다행이지만 유학을 간다고 모두 성공하는 것은 아니다. 한 예를 들면 오스트리아 빈에는 한국에서 온 유학생이 천 명이 넘는데 그 중 정규대학에 적을 둔 사람은 백 명 미만이라고 한다. 빈은 음악전공 학생들이 유학을 와서 상황이 다소 다르다고 해도, 중국에서도 유학생의 십분의 일 정도만이 정규학교에 등록했다는 것을 보면 많은 젊은이들이 정규 학교에 들어가지 못한 채 해외에서 떠돌고 있는 실정임을 알 수 있다.

그나마 이들이 그 나라에 적응하고 정착해 살 수 있으면 다행인데 그렇지 못한 경우가 더 많은 것이 문제이다. 문장과 학식이 뛰어난 최치원은 28세에 귀국해 여러 직책에 10여 년 동안 근무했다. 문란한 정치를 통탄하고 시무책時務策 10조를 진성여왕에게 올리고는 외직을 자청해 지방 관청장으로 돌았을 뿐 중앙에 진출하지 않았다. 그 후에 난세를 절망하여 각지에 놀러 다니며 풍월을 읊다가 마지막에는 해인사에 들어가 여생을 마쳤다. 난세에 절망했다는 것은 자신의 이상대로 돌아가지 않는 정치에 신물이 났든지, 아니면 중앙권력 집단에 진입할 수 없었기 때문일 것이다. 중앙권력 집단에 들어갈 수 없었던 이유는 무엇일까. 학문은 우수했지만 주위사람들로부터 수용될 수 없는 점이 있었을 것이다. 어쩌면 최치원이 스스로 관찰자이자 아웃사이더로서 자아정체성을 형성했을지 모른다. 어린 나이에 타국에서 오래 지내다보면 그 나라 사람들처럼 생각하고 느끼고 판단하므로 자기정체성이 모호해지는 경향이 있다.

"난 분명 유럽 사람이 아닌데 한국에 가도 그곳 사람이 아닌 것 같아요."

빈에서 10여 년을 살았다는 여성이 스스로 경험하는 자기 좌절과 혼란을 말했다.

"집에서는 더 이상 돈이 오지 않고, 비자 때문에 학원에 적은 두었지만. 앞으로 어떻게 될지, 별다른 기대도 할 수 없고요.”

이 같은 젊은이들이 세계 도처에 얼마나 있는지 조사 한번 제대로 한 적이 없는 정부는 해외유학생 수도 정확하게 모른다. 엄청난 외화를 보내 수십 년 투자한 사업의 성과가 어떤지 파악할 엄두조차 내지 못하고 있다.

“너무 외롭고 힘들어 어떤 땐 벽에 머리를 짓찧을 때가 있어요.”

그 처절한 소리에 가슴이 아프고, 합리적으로 대처하지 못하는 우리 어른들의 무능한 모습이 부끄럽다. 그 뒤에서 물끄러미 보이는, 십수 년 동안 자녀의 학비와 생활비를 댄 아버지들의 허리 굽은 모습도 안타깝다. 젊은 시절부터 십수 년 이상 고생하며 벌어댄 돈은 외국에 보내져, 노후를 보장할 통장은 비었는데 아직 자녀는 제대로 독립하지 못하고 해외에서 유성처럼 떠돌고 있으니, 그 부모의 심정을 어찌 알 수 있으랴.

# 많이 생각하고 천천히 행동하는 아이로 만들어라

요즈음 우리 주변 사람들의 성정 중에 성급한 것을 빼놓을 수 없다. 세상사를 눈여겨보고 뜻을 마음속에 품고서 남들의 눈에 보이지 않게 애쓰던 옛날사람에 비하면, 성급한 조급증은 빈 그릇처럼 요란한 소리만 낸다. 반조리 식품을 먹고 버튼을 누르면 별세계가 다가오고, 어디 있든 전화번호만 누르면 연결이 되는 세상이 어린이를 조급하게 만들고 있다. 무엇이든 느긋하게 지켜보는 일이 드물다. 나무를 해오고 장작에 불을 지피고 나서도 한참이 지나야 방에 온기가 퍼지고 그 온기를 잃지 않으려고 요 밑에 손과 발을 넣던 시절, 방의 온기가 가시지 않고 밥의 온기가 귀하던 시절의 아이들과는 전혀 다르다.

유명한 화가이자 교수인 김화백은 중학교 2학년 아들과 초등학교 5학년 딸을 데리고 노르웨이 산촌에서 한 달을 지냈다고 한다. 노르웨이는 원시림 같은 자연이 아름다운 곳이지만, 그 외에 우리에게 익숙한 삶의 재미거리라고는 없는 곳이다. 집에 한 대 있는 텔레비전도 그나마 켜지지 않고, 핸드폰은 물론이고 인터넷도 접속되지 않는 곳이었다. 서울서 익숙했던 재미거리를 차단당한 아이들은 처음에는 몸을 꼬면서 몸부림을 치더란다. 전자오락이 하고 싶고 재미있는 텔레비전 쇼를 보고 싶어서였다. 그러더니 서서히 몸부림이 줄어들고 그 환경에 적응하더란다. 외부의 재미거리가 차단되고 나니 야생화가 눈에 들어오고 곤충이 들어오고 생명의 소리가 들려오기 시작했던 것이다.

초고속의 속도감은 농경사회에 익숙한 우리 신체조건에도 부적합하다. 게다가 조급증이나 성급함은 세상사를 해결하는 근본과는 도대체 거리가 멀다. 천천히 생각하고 그 생각을 마음속에 담고 익혀야 한다.

부모는 말을 천천히 하고 음식을 천천히 먹는 모습을 보여주어야 한다. 한 걸음 한 걸음 내디디고 한 마디 한 마디 분명히 말하는 습관을 길러주어야 한다. 그러려면 어떻게 해야 하냐고 묻는다면 부모가 '하나, 둘, 셋' 하고 본보기를 보여주어야 한다. 하나에 오른발, 둘에 멈추고 셋에 왼발, 넷에 멈춤이 필요하다. 많이 생각하고 천천히 행동하도록 습관화하는 것이 중요하다. 마음의 여유를 가지는 것이 판단의 착오와 행동의 실수를 줄이기 때문이다. 참고 인내하는 것을 가르치고 훈련시켜야 한다.

아이들에게 현명한 사람이 되기를 요구만 해서는 안 된다. 우선 타고난 총명함과 사려 깊음이 있어야 한다. 그 위에는 부모의 관심과 가르침이 필요하다. 관심이라고 하면 우선은 잘 먹고 입히는 물질적 풍부함으로 생각하는 부모들이 있다. 자녀에 대한 애정은 물질로 전달되는 것은 아니다. 오히려 물질이 자녀의 성장과 노력을 막는 일이 빈번하다.

자녀를 가까이에서 지켜보고 대화를 나누고 마음을 맞추는 일이 필요하다. 이 과정은 하루아침에 영화의 한 장면처럼 극적으로 이루어지는 것이 아니다. 수년 동안 꾸준히 지켜보고 말을 나누고 생각을 나누는 과정이 필요한 것이다. 현대의 바쁜 부모들은 어린 자녀를 짐으로 여겨서 여기저기에 맡겨 자신의 진로 개발에 장애가 되지만 않으면 된다고 생각한다. 그 동안 자녀의 품성과 잠재력은 부모가 모르는 사이에 형성되어 버린다. 자녀가 공식교육을 받게 될 시점에 교육을 시작하려면 이미 한 발 늦을지 모른다. 유아기 동안에 인성과 행동 습관이 형성된다는 것을 잊지 말아야 한다.

# 단돈 백 원의 가치를 알게 하라

가난한 사람이 소박하게 사는 것은 자연스러운 일이다. 높은 벼슬에 있거나 부자가 소박하게 사는 것은 대단한 자기 절제력이 있어야 가능하다. 예전이나 지금이나 가진 것이 없어도 화려하게 살려고 하는 것이 보통사람들의 행태인데, 많은 것을 가진 사람이 소박하게 살려는 것은 쉽지 않은 일이다.

사람은 점점 생활수준을 높이려는 경향이 있다. 소박한 생활에서 다소 풍요로운 생활로 바뀌는 것에는 힘이 들지 않지만, 거꾸로 바뀌는 것은 매우 힘겨운 일이다. 몸은 전에 먹던 음식과 입던 옷을 요구하기 때문이다. 그러니 어려서 가난하게 살던 사람이 부자가 되는 것은 참으로 다행한 일이다. 가장 불행한 것은 젊어서 풍요롭게 살던 사람이 늘그막에 가난하게 사는 것이다. 그래서 예전의 현명한 사람들은 재산이 있어도 직위가 높아도 소박하게 살았다. 그리고 자녀들은 소박한 생활 속에서 키웠다. 일종의 면역력을 키우는 것과 마찬가지이다.

자녀를 기를 때 좋은 음식을 먹이는 것은 필요한 일이다. 좋은 음식이란 오염되지 않고 싱싱하고 영양이 풍부한 자연식을 말한다. 그런데 좋은 음식이란 곧 비싼 음식으로 생각하여 어린 아기 때부터 불필요하게 많은 음식을 주고 맛난 음식을 먹게 하는 것은 분명 잘못된 생각이다. 아기들은 입맛을 용케 안다. 말이 서툰 아기도 맛있는 음식, 좋은 음식을 잘 안다. 이렇게 좋은 음식에 길들여진 아기가 성장해서 소박한 음식을 먹을 때 본인이 감당할 수 있겠는지 의문이 든다. 아침에 일어나 아기에게 신선한 우유와 떡 한 조각, 고구마 한 조각, 과일 두 쪽을 곁들여 먹게 하면 좋을 것이다.

어려서 소박한 식성이 무엇이든 잘 먹고 건강하게 성장하는 토대가 된다. 어려서 소박한 음식을 먹고 자란 사람은 어른이 되어 어떤 음식이든 잘 먹지만, 맛있는 음식을 먹고 자란 사람은 그보다 못한 음식을 먹을 때마다 입맛을 잃는다. 어려서 받은 음식 사치, 의복 사치가 성인이 되어 얼마나 어려운 삶을 살게 하는지 부모는 알아야 할 것이다.

한 번은 효종임금의 딸인 정숙옹주가 집이 좁다면서 불평을 하였다.

"이웃집이 가까워서 말소리가 들리고 처마가 얇고 드러나서 가리는 것이 없으니 불편합니다. 값을 치를 돈을 주시면 그 땅을 사겠습니다."

친정아버지에게 돈을 받아서 땅을 사서 앞뜰을 넓히려 했던 것이다. 궁궐에서 성장하여 개인집으로 시집 간 딸이 집이 궁색하다면서 하소연하면 어느 아버지인들 빚이라도 내어 주고 싶지 않으랴.

그러나 효종임금은 딸에게 "말소리는 낮추면 들리지 않을 것이고, 처마는 가리면 될 것인데 왜 뜰을 넓히려 하는가? 사람의 거처는 몸을 용납할 정도면 족하다"고 하면서 대발 두 벌을 내려주었다.

임금도 이처럼 검소함을 생활의 기준으로 삼는데 하물며 일반 백성들이야 어떻게 했을 것인가. 오늘날 중산층 부인들이나 젊은이들이 세계 최고의 명품을 입고 바르며 생활하는 것은 다시 한 번 되돌아볼 일이다. 우리의 경제 수준에 맞는 것인지, 자신의 수입에 맞는 것인지를 살펴보자. 게다가 갓 태어난 신생아를 위해서, 기저귀 찬 영아를 위해서, 초등학교 다니는 아동을 위해서, 중·고등학교 다니는 자녀를 위해서 옷을 비롯해 여러 가지 물건을 명품으로 마련한다는 것은 깊이 생각해 볼 일이다.

서울에 김학성이라는 사람이 살았다. 홀어머니가 바느질을 해서 두 아들을 키우고 서당 선생에게 보내 공부를 가르쳤다.

하루는 비가 올 때 처마 밑으로 낙숫물이 떨어지는데 빗물이 떨어질 때마다 땅에서 울리는 소리가 들려왔다. 어머니가 소리가 난 곳을 찾아보았다. 누군가가 땅에 묻어둔 가마솥에서 소리가 들려왔다. 땅을 파보니 가마솥에 은이 가득 들어 있었다. 김학성의 어머니는 가마솥을 빨리 흙으로 덮어버리고 다음날 오빠에게 부탁해서 그 집을 팔고 조그마한 오막살이로 이사했다.

세월이 한참 지난 후에 남편의 제삿날에 음식을 차려 놓고 오빠를 불렀다. 제사상 옆에는 두 아들이 있었다. 어머니가 탄식하며 말했다.

"남편이 돌아가면서 이 아이들을 내게 맡기고 갔으므로 나는 항상 아들들이 제대로 성취하지 못하여 일찍이 먼저 간 조상의 혼령을 굶게 할 것을 두려워했다. 지금 내가 백발이 되고 두 아들이 능히 아버지의 뜻을 계승하게 되었으니, 이제 죽어도 지하에 가서 할 말이 있겠다.”

그리고는 은을 묻었던 옛일을 말했다. 오빠가 “가난한 살림을 하면서 왜 재물을 싫다고 했는가?”라고 물었다. 김학성의 어머니가 대답했다.

“재물은 재앙입니다. 재물을 얻으면 반드시 뜻밖의 재앙이 있는 법이지요. 사람이 나서 궁핍을 알아야 하는데, 두 아들이 어릴 때 잘 먹고 입어서 안일한 습성을 기르게 되면 공부에 힘쓰지 않았을 것입니다. 가난하게 자라지 않는다면 어찌 재물이 들어오는 것이 쉽지 않다는 것을 알겠습니까? 그래서 제가 스스로 단념하고 집을 옮겼던 것입니다. 우리 집에 저축된 약간의 재물은 모두 내 열 손가락으로 바느질해 만들어 놓은 것이니 어느 날 갑자기 눈앞에서 그저 얻은 재물과는 비교할 수 없습니다.”

김학성의 어머니는 가난함을 ‘약’으로 부유함을 ‘독’으로 생각했던 사람이다. 재물이 풍부하면 그것이 쉽게 들어오는 줄 알게 되어 열심히 일하고자 하지 않을 것이다. 풍요로움 속에서 살면 인성은 부드러워질지 몰라도 성취 동기가 약하고 절제력이 약해서 무능한 인간이 되기 쉽다. 풍요를 경계한 김학성의 어머니가 주는 현명한 충고를 오늘날 어머니들도 귀담아 들어야 할 것이다.

한 기자는 강남의 어머니가 아이에게 백만 원짜리 수표를 주고 장난감을 사게 한 경우가 있었다고 말했다. 어린 아이에게 큰 돈을 주는 것은 자식을 망가뜨리는 지름길이다. 돈의 가치를 알지 못하고 노동해야 한다는 의무감을 주지 않으니 결국 자식을 백수로 만들 뿐이다. 부자 부모를 둔 성장한 자식들도 마찬가지이다. 노동을 너무 가볍게 여긴다. 부모는 일해 돈을 버는 사람이고 자신은 일하지 않고 돈을 쓰는 사람으로 생각하는 경우가 있다. 일하지 않는 사람이 어찌 발전할 것이며 돈을 벌어보지 않은 사람이 어찌 돈을 무겁게 알 것인가. 부자가 자식을 잘 기르는 일은 참으로 어려운 일이다.

예전에 미국의 석유재벌 회사의 회장이 아들을 어렸을 때부터 돈 1달러의 가치를 알게 하려고 휴일마다 1달러을 주어 내보냈다. 당시 화폐가치를 따져보면 지금의 10달러쯤 될 것이다. 그 돈을 가지고 하루 종일 다니다가 집에 오면 음식을 주지 않고 씻겨 재운다. 다음 휴일에도 아침에 1달러를 주어 내보내고 저녁에 돌아오면 씻게 하여 재웠다. 처음에 아이는 아무것이나 사 먹고 돈이 다 떨어지면 온종일 굶어 지냈다. 집에 돌아오면 들여보내지 않으니 밖에서 허기져 다닐 수밖에 없었다. 이러한 외출이 반복되자 아이는 어디에 가서 음식을 사 먹어야 배고프지 않게 1달러로 지낼 수 있는지 알게 되었다. 아이 스스로 1달러의 가치를 알게 하기 위해서 부모가 그처럼 노력을 했던 것이다.

훗날 그 아이가 성장해 일본에 유학을 왔다. 일본 언론에서는 대서특필했다. 미국의 대부호 아들이 유학을 온다. 얼마나 대단하게 학교를 지원할 것인가 모두들 기대가 높았다. 그러나 이들은 얼마 지나지 않아 실망했다. 대재벌의 회장인 아버지는 한 달 하숙비와 등록금만을 아들에게 보냈던 것이다.

재벌도 아닌 일반 사람들의 집에 가보고 놀랄 때가 한두 번이 아니다.

아동의 방은 온통 아이들 물건과 장난감으로 가득 차 있다. 동물인형이 열 개가 넘는 경우도 적지 않다. 거기에 요즈음에는 컴퓨터가 들어가 앉아 있다. 부모의 자녀 사랑과 교육열이 물질에 대한 풍족으로 해결된다고 생각하면 오산이다. 부모는 돈 벌고 자녀는 소비하는 사람으로 생각하고 있다. 요구만 하면 맛있는 음식과 장난감이 쏟아져 들어온다고 느낄 때 어느 누가 애써 노력하고 힘든 일을 하려고 할 것인가. 부모들이 신중하게 생각하고 김학성 어머니의 충고를 받아들여야 할 것이다.

김학성은 순조 임금 때 과거에 급제하고 벼슬길에 올라 부제학을 거쳐 이조판서에 이르렀다. 지금의 행정자치부 장관급이다.

# 어머니와 일체감을 갖게 하라

우리가 성장하던 시대에 아버지는 큰 사람이고 멀리 내다보는 사람이고 큰 문제를 해결해주는 사람이었다. 아버지는 과묵하고 깊이 자녀를 사랑했다. 사소한 것을 무심히 지나쳐도 아버지가 마음을 읽고 있다고 자녀들은 느꼈다. 요즈음 성장하는 아동들은 아버지를 어떻게 느끼고 있는지 궁금하다.

자녀를 교육할 때에 아버지는 삶의 철학과 태도나 진로 등 큰일에 대해서 교육하고 어머니가 생활훈련처럼 작은 일을 교육하는 전통적 역할분담은 지혜로운 것이었다. 허나 이 역할분담은 양부모가 건재한 경우에 가능하다. 별거나 이혼이 잦은 현대 가정에서 한 부모 가정에서는 두 가지 역할이 모두 한 부모에게 맡겨진다. 아버지 혼자 자녀를 키우는 가정에서 아침마다 아버지가 밥 먹이고 옷과 양말을 주고 유치원에 데려다

주어야 하는데, 이러한 부모 역할 분담이 이루어질 수 없다. 마찬가지로 어머니가 직장에 가서 돈도 벌고 가정살림을 혼자 꾸려야 하는 가정에서 삶의 진로에 대해서도 어머니가 가르치고 결정할 수밖에 없다. 한 부모 가정에서 홀로 사는 부모가 느끼는 삶의 고난지수가 높기 때문에 자녀들에게 따뜻하고 너그럽게 대하기가 어렵다. 자칫 한 부모에게 아이는 삶의 고된 짐처럼 여겨질 수 있기 때문이다. 실은 자녀가 고된 삶의 위안이자 목적이 된다는 것을 잊고 있을 따름이다.

수명이 짧았던 조선에서 아버지를 잃고 홀어머니가 자녀를 키운 한 부모 가정이 많았다. 예전이나 지금이나 한 부모가 자녀를 키우기 힘든 것은 마찬가지이다.

현대에도 한 부모가 자녀를 기르는 가정이 많이 있다. 전문가들은 이혼한 가정의 자녀는 사별한 가정의 자녀들보다 상처를 더 많이 받기 때문에 자신감이 약화되고 위축감을 느낀다고 한다. 결과적으로 세상에 대해 냉소적으로 바뀌며 사람들과 원만한 관계를 맺지 못하는 경향이 있다고 알려졌다. 특히 이혼한 가정의 아들들이 어머니에 대해서도 부정적으로 생각하고 공격심이 높으며 부적응 행동이 높은 경향이 있다고 한다.

아버지를 그리면서도 만나지 못하고 격리되어 살아야 하는 데에서 온 불만감이 어른과 세상에 대한 부정적 개념으로 이어질 수 있다는 것이다. 그리고 학업에 열중하지 않고 태만하며 또래 관계 등 학교생활에 부적응을 경험하므로 결국 사회적응이 어려울 수 있다고 경고한다.

예전과 달리 이혼이 증가한 것은 달라진 사실이나 한 부모와 사는 아동은 옛날에도 많았다. 아버지가 일찍이 전쟁에 나가 죽거나 질병으로 죽는 일이 빈번해서 홀어머니 밑에서 성장하는 아이들이 많았다. 그렇지만 대부분의 아동들이 잘 성장했고 어머니에게 효성을 바치고 가정을 근면하게 이끌고 사회발전에 이바지했다. 현대 한 부모 가정의 경우와 다른 점은 한 가지, 어머니의 자세라고 할 수 있다. 예전의 어머니들은 궁핍한 생활을 엮어나가느라고 낮이나 밤이나 허리가 휘게 일했다. 낮에는 밭일에 집안일에 밤에는 바느질에 몸을 꼿꼿이 세워 쉴 수가 없을 정도였다.

어머니의 일념은 자식 걱정이고 자녀들이 바르게 성장하기만을 바랐다. 자신은 어떻게 되어도 좋으니 자식들만 잘 크면 그만이었다. 오직 기도하는 마음 하나로 자식을 키우니 자녀들이 어머니의 사랑과 희생을 가슴 속 깊이 간직할 수밖에  없었다. 어머니의 깊은 사랑과 희생이 자신들의 삶을 이어준 줄이라는 것을 잘 알고 느꼈기 때문이다.

현대 한 부모 가정의 어머니도 생활이 힘들기는 마찬가지지만 예전의 어머니들과 다른 것은 자녀를 대하는 자세이다. 개인주의 사회에서 어머니도 일방적으로 전념해서 자녀를 사랑하여 희생하려는 생각이 약화되었다. 자신을 먼저 생각하고 자녀를 부수물로 생각하는 어머니의 생각은 아이들에게 그대로 전달된다. 어머니의 인생에 자신이 행여 부담이라고 느끼지 않을까 걱정한다. 아이들은 불안한 마음으로 어머니를 바라본다. '헨젤과 그레텔' 처럼 버려지지 않을까 하는 걱정이 아이들에게 정서적 불안감을 키워 준다.

예전의 어머니에게 자녀는 삶의 목적이자 삶의 전부였고, 살아야 하는 유일한 이유였다. 현대 어머니들에게 자녀는 삶의 일부일 뿐 전부가 아니다. 예전의 자녀들이 '우리가 어머니 삶의 전부다' 라고 느끼는 것과 현대의 자녀들이 느끼는 바와는 차이가 있다. 어머니의 삶이 자신에게 기대어 있다는 것을 알면서 자녀는 어머니와 일체감을 느낀다. 그 일체감으로 고난과 역경을 이겨 나갔다. 그러니 홀어머니의 자녀들이 근면하고 성취 동기가 강하며, 효심이 더 극진한 것은 당연한 일일 것이다.

요즈음 한 부모 가정에서 이러한 일체감은 자못 약화될 수밖에 없다. 자녀가 있어도 재혼을 하는 것은 자연스러운 일이기 때문이다. 부모의 한 사람이 다른 사람과 애정관계에 있으면 자녀는 그것을 받아들일 때 혼란을 겪는다. 이 경우에도 부모의 사랑과 지속적 관심만이 자녀를 바르게 이끌 수 있다.

# 계모도 아이에게 매를 들어라

재혼 가정의 문제는 전처가 낳은 자녀와 계부모 사이의 껄끄러운 관계에 있다. 계모나 계부는 아이가 잘못을 저질러 꾸중을 할 경우에도 자기가 낳은 자녀가 아니기 때문에 심하게 야단쳐서는 안 된다는 자격지심이 생긴다. 주위 사람들도 계부모이기 때문에 더 가혹하게 아이를 꾸중하지나 않는지 편향된 시선으로 보는 경향이 있다. 그러한 눈을 의식한 계부모는 행동에 더 제약을 느끼고 편안하지 않다.

외할머니라 할지라도 그분이 내 계모를 비난하면 그 소리를 참기 어려워하는 아이가 있었다. 부모님에 대한 도리는 그분들이 나를 낳아주셨느냐 그렇지 않느냐에 상관없이 마땅히 행해야 한다고 생각한 아이였다.

조선 중기의 문신 조헌은 어려서 어머니를 여의고 계모 밑에서 자라났다. 그는 계모에게 큰 사랑을 받지는 못하였다. 조헌의 외가 식구들은 그런 조헌을 안쓰러워하고 항상 안타깝게 여겼다. 언젠가 조헌이 외가를 찾았을 때의 일이다.

"외할머니 접니다. 할머니 뵙고 싶어 이렇게 왔습니다."

"아이구, 헌이구나. 어여 오너라."

"외가 식구들은 두루 편하신지 모르겠습니다. 어머니 돌아가신 후로 늘 궁금하게 여기면서도 발걸음이 쉽지 않습니다."

"아이구 불쌍한 것! 네가 계모에게 구박을 받으니 내 마음이 몹시 아프구나."

"……"

조헌의 외조모는 그를 어루만지며 이렇게 말했고, 그는 묵묵히 듣고만 있었다. 웬일인지 조헌은 그 이후로 외갓집에 가지 않았다. 그가 오랜만에 외가에 들렀을 때의 일이다.

"헌아, 얼굴 잊을 뻔했구나. 야속한 것!"

"그간 편안하셨습니까?"

"편안이라니, 왜 그렇게 오랫동안 오지 않았느냐?"

조헌은 잠시 틈을 두었다가 이렇게 대답했다.

"뭐라고 해도 제 어머니이십니다. 아들을 보고 그 어미의 허물을 말씀하시니 듣기가 참으로 거북하였습니다. 그래서 오지 않았습니다."

예전에도 계모 밑에서 성장한 사람이 많았고 지금도 그렇다. 생모와 달리 계모는 자녀를 기르면서도 자격지심 때문에 야단을 치지 못한다. 야단을 맞는 아이가 달리 받아들일 것이 걱정스럽고 다른 사람들의 눈이 염려되기 때문이다. 생모라면 걱정하지 않아도 될 일을 걱정하면서 남편의 자식을 기르는 계모의 마음이 편치 않을 것이다.

초혼이면서 아이가 있는 남편에게 시집온 어떤 여자는 아이가 상처를 입을까 혹시 자신이 차별을 하지나 않을까 걱정이 되어서 아이를 낳지 않겠다고 결심했다. 그러나 그 결정은 잘 한 것이 아니다. 자기 아이를 낳아서 길러보지 않은 사람이 아이를 이해하기도 어렵거니와 남편의 마음을 이해하기도 어렵기 때문이다.

일전에 중국의 유명한 작가가 쓴 단편소설 중에 기억나는 대목이 있다. 계모 밑에서 설움 받고 자란 처녀가 자신은 계모 노릇을 잘 해보겠다고 어린 아들을 둔 홀아비에게 시집을 갔다. 혹시나 아이가 차별을 한다고 느낄까봐 자기 아기를 갖지 않기로 남편과 합의했다. 개구쟁이 아들은 매일같이 장난으로 옷을 더럽히고 양말에 구멍을 내 왔다. 밤늦게 양말의 구멍을 꿰매던 계모가 남편에게 말했다.

"당신 기분 상하더라도 너그럽게 생각하고 내 말을 들어요. 당신 전처가 어떤 사람이었기에 아이가 이렇게 장난이 심하지요? 당신을 닮았으면 그렇지 않을 것 같은데········"

남편이 똑같이 말을 받아서 대답했다.

"당신 기분 상하더라도 너그럽게 생각하고 내 말을 들어요. 당신이 낳은 아이라면 그렇게 말할까?"

비로소 자신을 기르던 계모의 심정을 이해할 수 있을 것 같다고 계모가 된 딸은 생각했다. 계모의 서러운 심정을 말이다.

어른이 되어서 그 입장이 되어보고 계모의 심정을 이해하는 것도 쉽지 않는 일인데 하물며 어린 나이에 계모의 심정을 헤아린다는 것은 참으로 어려운 일이다. 어린 조헌은 혜안을 지녔다. 혜안을 지닌다는 것은 생각이 깊어 사물이나 사람의 본질을 꿰뚫는 일이다. 계모 밑에서 자신도 때로는 서럽게 느끼고 차별 받는다고 느꼈을 터인데 조헌은 어린 나이에 그러한 상황에서 계모를 생각하고 또 자식 된 도리를 제대로 행하겠다고 결심했다. 어린 조헌의 마음가짐이나 인물됨에 감탄할 따름이다.

# 다른 아이들까지도 품에 안아라

마을을 들어서면 사람들은 산 밑에 위치한 큰집으로 가서 인사를 드려야 했다. 논어에도 타향에서 돌아오면 종가에 가서 인사를 드리라고 권하는 글이 실려 있다. 어려서 큰집에 가면 큰어머니는 이름대로 따뜻하고 관대하신 분이었다. 동네 아이들은 큰어머니에게 가면 빈손으로 돌아온 적이 없었다. 엿이든 한과든 떡이든 무엇이든 손에 들려 보냈다. 그래서 아이들이 큰어머니를 따라다니며 좋아했다.

그리고 동네 아이들 생일을 여지없이 기억하고 계셨다.

"아가! 네 생일이 모레지?"

큰어머니 손에는 시골에서 보기 어려운 과자나 떡이 들려 있었다. 한 번은 자주색 털실로 짠 목도리를 손에 들려주었을 때 너무나 기뻐서 가슴이 뛰었다. 내가 꿈꾸는 것을 어쩜 그리 잘 아셨는지.

큰어머니는 늘 웃었고 가끔 어린아이를 안아주면서 말씀하셨다.

"어서 크거라. 저 미루나무처럼."

큰집 밖에 키 큰 미루나무가 하늘을 찌들듯이 서 있었다.

어른이 되어서는 참으로 그분이 품이 너른 분이었음을 알게 되었다. 시집갔다 돌아온 시누이, 군대갔다 병이 나서 돌아온 시동생이 큰집에서 살았다. 가난한 조카의 학비를 대느라고 논을 팔고 병든 오촌아저씨의 병원비를 대느라고 밭을 팔았다. 큰집에는 늘 남의 식구들이 벅적이곤 했었다.

그분이 돌아가셨을 때 도시로 갔던 선물 받던 어린애들이 모두 돌아와서 상을 지켰다. 그 어린이들은 어른이 되어서도 큰어머니의 품을 잊지 못했다. 큰집, 큰어머니는 동네 아이들이 어려움을 당할 때에 달려가던 피난처였다. 운이 나빠서 팔자가 안 되어서 세상에 나가 어려움을 겪는 것을 이해해 주었다. 우리의 무능함을 비난하지 않았다. 그리고 자신이 도울 수 있는 것을 무엇이든 알고 싶어 하셨다. 큰어머니는 마을 사람들의 정신적 어머니였다.

이제는 고향에 가도 큰어머니는 계시지 않는다. 게다가 우리 젊은 어머니들은 큰어머니 같은 분을 본 적도 없이 성장했다. 이들은 그처럼 자기를 희생하고 헌신하는 것이 무슨 의미가 있는가라고 질문을 던질 것이다. 그러나 사람이 하는 자아실현 중에 헌신은 가장 중요한 덕목이다. 그 많은 사람들을 돌보는 것이 큰집의 의무이자 역할이고 자신은 운명적으로 그 중심역할을 맡았다고 여긴다. 그 옛날 조상으로부터 지금까지 면면히 이어져 온 끈의 한 중심이 자신임을 알았다. 큰집 어머니는 자신의 먼 조상과 후손을 잇는 징검다리라고 생각했던 것이다.

　누구나 어머니가 되면 자녀의 생존을 보장하고 자녀를 돌보아야 한다고 여긴다. 문제는 돌봄의 대상이 자기 자신의 자녀만에 국한되는가, 그 연령대의 다른 아이들에게도 확장되는가에 큰어머니와 보통어머니의 차이가 있다. 나아가 인간의 가엾은 처지를 불쌍히 여기고 돌보는 것으로 확장되는지에 따라서 어머니 품의 크기와 깊이가 정해진다. 그것이 곧 인간의 깊이고 너비다.

# 마음이 여유 있는 아이로 키워라

정승이 된 홍서봉의 어머니는 집이 가난하여 좁쌀밥과 나물국도 매끼마다 먹을 수 없었던 형편이었다. 하루는 하인을 보내어 고기를 사왔는데 고기 빛에 독이 있는 것을 보고서 자신의 비녀와 패물을 팔아서 종에게 그 남은 고기를 다 사오도록 해 담 밑에 묻었다. 아들이 그 후에 그 말을 듣고서 "어머니의 마음이 하늘에 통하였을 것이므로 그 자손이 반드시 창성할 것입니다"라고 하였다.

옛사람들은 현재를 과거의 반영이라고 생각했다. 현세에 복이 많다는 것은 과거에 누군가가 공덕을 많이 쌓았기 때문에 가능한 일이라고 생각한 것이다. 옛사람들은 한 걸음 더 나아가 후손의 미래를 위해서도 현세에 음덕을 쌓아야 한다고 생각했다. 과거와 현재와 미래를 한 축에 꿰인 현상으로 보았기 때문이다.

정승 상진의 증조부인 상영부는 임천에 살면서, 재물이 많아서 사람들에게 빌려주고 이자를 받곤 했다. 상영부가 만년에 그 차용증서를 모두 불에 태우며 말하기를 "이것으로 어쩌면 후손이 잘 되리라"고 하였다. 그리고 훗날 증손자가 정승이 되었다. 빚을 진 어려운 사람들에게 빚을 탕감해주었으니 음덕을 쌓아서 후손이 잘 된 것이다.

상진이 조상의 음덕으로 높은 직위에 올랐다는 사실의 진위를 떠나서 남을 돕는 것은 자신의 마음을 평안하게 하는 것이고 남의 시름을 잊게 하는 것도 역시 마음을 평안하게 하는 것이다. 내 마음이 평안하면 건강도 좋아질 것이고 내 가족이 화평할 것이다. 가족의 평화로움 속에서 자녀가 건강하게 성장할 것이다. 그런 의미에서라면 음덕은 하늘이 약속한 선행의 대가라기보다는 선행으로 만든 나의 예언일 수 있다.

부모가 자녀에게 음덕을 쌓으라고 할 적에 그 음덕이란 선행을 통한 자기 만족감이고 그러한 만족감이 삶을 윤택하게 할 것이다. 마음이 여유 있는 가정에서 반듯한 후손이 태어나 잘 성장할 수 있는 것이다.

# 3장

# 조선 선비교육에서 배우는 교육의 지혜

# 자녀교육의 목적

전통적으로 명문 가문의 아동교육의 목적은 세 가지다. 첫째는 아들을 사대부가의 선비로 교육하는 것이며, 둘째는 가문을 명문 가문으로 형성, 유지하는 것이다. 가문을 명문 가문으로 유지 발전시키기 위해서 셋째는 아들과 며느리를 가문의 주축으로서 맡은 역할을 수행할 준비를 시키는 것이다.

## 자율적 인간으로 기르기 위한 교육

아들을 선비로 교육하는 것은 조선의 유학자들이 꿈꾸어 온 군자를 지향하는 교육이다. 군자란 학문과 도덕을 겸비한 이상적 인간형이다. 조선에서는 군자가 되기 위해서 스스로 자기 수양을 근본으로 삼아야 했다. 조선의 스승인 율곡 이이도 모든 일의 근본은 스스로 자기를 닦는 수기修己로 보았다. 수기는 스스로 겸허하고 조심스러운 마음으로 생각하고 힘써 행하는 것을 말한다. 이이는 사사로운 뜻으로써 자신을 가리지 않고, 사사로운 욕심으로써 자신을 더럽히지 않는 것, 이미 아는 바 옛것을 익히고, 이미 능한 바를 더욱 돈독히 하는 것이 선비의 마음을 보존하는 방법이라고 말했다.

선비라고 모두 진정한 유학자는 아니다. 이이는 진정한 유학자란 벼슬길에 나아가서는 일세에 옳은 도를 행하여 백성들이 평화로운 생활을 하도록 하고, 물러나서는 학자로서 젊은 후학들에게 가르침을 주어 큰 꿈을 깨치게 하는 것이라고 말했다.

선비가 글을 읽고 학문을 닦아 도덕적 인품을 형성하는 것이라면 그가 갖추어야 할 자질은 인자함이다. 인자함은 공손, 관대, 신의, 관용, 기민, 베풂의 여섯 가지이다. 공손, 관대, 신의, 관용은 타인을 대하는 자세이며, 기민은 일을 민첩하게 하여 공적을 쌓을 수 있는 성격 특성을 의미했다. 이 사상은 공자에게서 맹자로 이어지는데 맹자는 이를 예禮로 구체화시켰다. 이러한 초기 유학의 정신은 참으로 인본주의적이며 인간의 근본 물음에 부응하는 것이다.

미래 선비를 어떻게 교육시킬 것인가에 대해서 이이는 입지立志를 주요 교육 목적으로 제시했다. 입지는 의지를 세운다는 것으로서 자율적 인간을 의미한다. 자율인으로서 자신의 의지로 학문과 세상에 뜻을 세우는 것이다. 프뢰벨이 유아교육의 목적을 자율적 인간을 형성하는 것이라고 한 것이나, 오늘날 미국이 공교육의 목적을 자율적 인간 형성으로 세운 것이나 모두 율곡의 자율인과 동일하다. 아동이 부모나 누군가에게 의지하지 않고 주체적으로 자기 인생을 살아가는 자유인이자, 자율로 스스로를 통제하고 다스리는 인간이 되는 것이 전통사회에서나 오늘날 현대사회에서나 동일한 교육의 목적이었던 것이다.

아동이 자율인으로 형성되기 위해서는 성실함으로 임해야 한다. 이이는 성誠, 즉 성실을 하늘의 실제 이치이고 마음의 본체라고 설명했다. 성은 하늘이 내린 실제 이치이며 경敬은 그것에 이르는 방법이라고 보았다. 성은 경에 의해서 이루어지는 마음의 상태다. 학문이든 세상사든 성실함으로 임하는 마음의 자세를 언급했으며, 성을 이루기 위해서는 경의 방법으로 우선 임해야 한다고 했다. 경은 삼가고 두려워하는 것을 의미한다. 삼가는 마음으로 성실히 임하면 도에 이른다는 것이다.

이이나 유학자들이 강조한 성과 경은 주체적 자아상을 가정하고 있다. 타인이나 외부에 의존하기보다는 스스로 사고하고 판단하는 존재로서의 입지立志를 강조했다. 인간은 누구나 발달 가능성을 가지고 노력하여 자신을 형성해 가는 존재이므로 자신의 뜻에 따라서 달리 형성될 수 있는 자율적 존재로 보았던 것이다. 이 점은 오늘날 현대 교육학의 근본 원리이기도 하다.

가문의 부흥

　가문을 부흥시키는 것은 개인의 출세와 혼인, 두 가지 방법에 의해서였
다. 우선 선비가 가문을 부흥시키는 출세의 직선 경로는 과거에 급제해
벼슬길에 나가는 것이었다. 벼슬길에 나가려면 대부분 학문을 하여 과거
시험에 합격해야 했다. 　할아버지, 아버지와 아들, 삼대가 진사도 못하면
그 가문이 망한다고 한 말은 이를 의미한다. 조선조 사람들이 과거 급제
에 왜 그처럼 집착했는지 그 이유를 알 수 있다. 성공으로 가는 다른 길이
없었기 때문이다.

　조선조에 문과에 급제하고 요직에 오른 자손이 몇 대나 연잇고 그로 인
해 명가가 된 가문이 여럿 있다. 한 예를 들면 성종 대에 광주 이씨 자손
이 대단히 번성했다. 원래 증조부인 이집은 이성계의 친구인데 지금의
둔촌동 근처에 숨어살면서 호를 둔촌이라고 했다. 이집의 손자인 이인손
이 지금의 양재동 근처인 탄천에 살았다. 이인손은 우의정을 지냈는데
그의 다섯 아들과 아홉 손자가 모두 문과에 급제했다.

　광주 이씨 종가집이 정동에 있었는데 성종이 왕자를 낳을 때 종가인 이
극배의 집에 가서 낳아 왔다. 그야말로 환가탄생換家誕生인데, 그 종가의
기를 받아 우수한 왕자를 출산할 수 있지 않을까 하는 바람에서였다.

　종손인 이극배가 평양감사를 지낼 때 성종이 불러서 임금이 잘 되어야
나라가 잘 되는 것이냐 신하가 잘 되어야 나라가 잘 되는 것이냐를 물었
다고 한다. 이극배는 당연히 임금이 잘 되어야 하지 않겠느냐고 대답했
다. 속설에 조부의 묘를 잘 써서 자손이 잘 된다고 하니 묏자리를 바꾸어

주면 어떻겠느냐고 성종이 제안했다. 이집의 묘가 지금의 영릉 자리에 있었고, 당시 세종의 묘는 대모산 아래 태종의 능 옆에 있었다. 이극배는 증조부인 이집의 묘를 여주에서 서쪽으로 30리 떨어진 지금의 여주군 능서면에 이장했다. 그리고 왕가에서는 세종의 묘를 둔촌의 묘지였던 영릉으로 이장했다. 증조부의 묘를 옮긴 탓인지 모르나 그 후에 광주 이씨 집안에서는 뛰어난 인물의 폭발적 출현 사태는 나타나지 않았다.

사가에서나 왕가에서나 궁궐을 두고 대신의 집에 왕비를 보내 왕손을 낳게 한 것이나 대신의 증조부 묘소를 이장시키고 그 자리에 자신의 조상을 모시게 한 것은 우수한 자손을 염원하는 심정에서 비롯된 것이다. 이러한 바람은 임금이나 평민이나 다를 바 없었다. 한국인의 뇌리에 새겨진 인식, 즉 조상과 자손을 잇는 고리가 자신이라고 생각해 그 고리를 계속 이어가는 것이 현세에서 자신이 감당할 최상의 의무로 여기고, 우수한 자손이 가문을 부흥시킨다고 생각한 것이다.

요즈음 우리들의 머리 속에도 그러한 생각이 살아 있다. 명문대학을 나오고 출세한 자손이 가문을 부흥시킨다고 생각한다. 옛사람들과 같은 생각을 함으로써 아직 전통의 그늘에서 벗어나지 못하고 있다. 성공한 후손을 통한 가문의 발전이라는 생각이 우리들의 인식을 점유하고 있는 것은 부정할 수 없는 사실이다.

아들과 며느리는 집안을 지탱하는 주요 인물이다. 종손이 가문의 아들이라면 종부는 가문의 딸이다. 이들이 가문의 후계자이자 제사장으로서 잘 교육되어야 했다.

가문의 후계자로서 아들과 며느리는 가문을 지탱하는 조상의 역사와 예법을 공부하고, 경제적 훈련을 받았다. 조상의 역사는 훌륭한 인물의 사상과 삶에 대한 이해에서 시작해, 그 인물을 중심으로 한 족보의 내용을 이해하는 것이다. 가문이 시작된 것은 시조할아버지부터인데, 대개는 학문과 사상이 훌륭한 인물이다. 아들과 며느리는 족보를 통해 인물의 학문과 사상과 삶의 역사를 저절로 알게 된다. 족보는 한 집안의 첫 조상인 시조로부터 그 후손에 이르기까지의 삶에 대한 기록이다. 그 가계의 역사가 인물 중심으로 엮어져 있어 조상과의 관계를 한눈에 알 수 있다.

가문의 아들과 딸은 선비로서의 예법을 제대로 알아야 했다. 일상생활에서 사용하는 언어와 예법뿐 아니라 제사를 포함한 의례에서 행해야 할 예법, 손님을 대접할 때의 예법을 배워야 했다.

가문을 제대로 유지시키기 위해서 또한 경제적 능력을 훈련받아야 했다. 이 일은 대부분 문중에서 담당했으나 근래에는 문중이 그 역할을 제대로 하기 어려워지면서 가문 내에서 직접 경제적 훈련을 시킨다.

그 외에 문중 회의에서 의견을 수렴하고 결정을 내리는 지도자로서의 자질과 능력을 갖추어야 했다. 문중사람들을 지도할 권위, 대표권을 행사할 수 있는 능력, 문장 사람들을 설득할 수 있는 언변 등 가문의 대표자로서 리더십을 갖추어야 했다.

　가문에서의 종손과 종부에 대한 교육은 사실상 현대 가정에서의 교육 내용과 중복되는 것들이다. 가문의 역사를 자세히 가르치지는 않을지 몰라도 6촌, 8촌 등 가까운 친척들을 어떻게 대해야 하는지 그 예법을 가르치는 일은 예전이나 지금이나 다르지 않다.

# 자녀교육의 원리

## 아동 중심으로 교육

유학 교육의 전통은 교사 중심의 교육이라기보다는 학습자 중심의 교육이다. 지식과 기술을 가르친다는 의미의 교육이라는 말보다는 배우고 익히며 행실을 바르게 수양하는 의미의 학學, 습習, 수신修身, 함양涵養 등의 말이 사용되었다. 피교육자가 스스로 성취하는 것의 의미로 자율학습 개념이 주로 사용되었다. 이러한 교육전통은 교육 목적이나 교육 내용과도 무관하지 않다. 유가에서는 덕성의 함양을 교육의 본질로 여겼기 때문에 전문적 지식이나 기술 교육은 다소 가볍게 여기는 경향이 있었고, 개인의 내적 세계의 발달에 깊은 관심을 가졌다. 또한 아동의 발달 수준을 고려하여 제시된 교육 내용이 아동에게 적합한 교육 방법으로 결정되었다. 이러한 점에서 선비 교육은 명실상부한 아동 중심 교육이었다.

## 견문을 통한 관찰학습법

종가의 주된 교육방법은 보고 듣는, 견문見聞이다. 견문 학습이란 모델 인물을 모방하여 그의 행동을 학습하는 것이다. 아동은 타인의 행동을 보고 들음으로써 학습하는 자기 학습법을 체득했다. 이는 자율 학습 방법으로서 그 학습과정은 현대 교육심리학자들이 말하는 관찰학습법과 동일한 원리이다. 본받을 인물모델은 조부모, 부모, 형제자매와 같은 가족원과 백부, 백모, 숙부, 숙모와 사촌들과 같은 친족원들이었다. 때로 중시조(쇠퇴한 가문을 다시 일으킨 조상)나 가문의 인물이었던 조상들이 모델이 되기도 했다.

이 교육원리는 조형造型의 과정을 내포하고 있다. 가정이나 가문이라는 교육환경이 아동에게 전체적으로 작용하여 특별한 가르침이 없이도, 구체적 지시가 없이도 아동들은 보고 들음으로써 저절로 그 시대의 가치와 생활양식을 체득하는 것이다. 최근 각광을 받고 있는 관광산업으로 선비정신을 학습하기 위한 아동의 종가 묵기 체험은 이러한 원리에 입각해 있다. 종가라는 환경에서 스스로 하룻밤을 묵는 체험을 통해 당시 선비들의 생활을 체험해 저절로 알게 하는 것이다.

　종가의 교육이 자율적으로 인물 본받기 방식으로 이루어지면서도 그 교육방법은 매우 엄격하게 실시되었다. 엄하게 자녀를 교육한다는 것은 특별한 의미가 있다. '부모가 자식을 기르면서 가르치지 않는 것은 부모가 자녀를 사랑하지 않기 때문이다. 가르친다 하더라도 엄하게 가르치지 않는 것은 그 역시 자식을 사랑하지 않기 때문이다. 부모가 가르치는데도 자식이 배우려하지 않는 것은 자식이 자신을 사랑하지 않기 때문이다. 배우기는 하되 힘써 노력하지 않는 것은 이 역시 자신을 사랑하지 않기 때문이다. 따라서 자식을 기르면 반드시 가르쳐야 하고, 그도 엄격하게 가르쳐야 한다. 부모의 교육이 엄하면 자식은 틀림없이 학문에 힘쓸 것이며, 또 자식이 힘써 노력하니 배움은 꼭 완성될 것이다' 이 말은 그대로 전통사회의 엄교의 목적과 필요성을 요약하고 있다.

　조선 유학계에 두 거봉이 있다면 하나는 율곡 이이이고 다른 하나는 퇴계 이황이다. 이황은 가정교육을 엄격히 시켰던 인물이다. 사리를 추궁하고 철저히 따지며 성인의 이론을 근거로 훈계하여 그 가르침을 성실하게 실행하도록 했다.

　며느리가 시집올 때 몸종을 데려오는 것을 국법을 준수해야 한다고 금했고, 취직 부탁을 하는 형수를 나무랐고, 분별없이 종가의 세간을 딸들에게 나누어주었다고 맏형수를 나무랐으며, 조카와 아들들의 게으름을 나무랐다. 아들이나 조카들에게 "~를 즉각 고치지 않으면, ~를 원래대로 되돌리지 않으면, ~를 즉각 시행하지 않는다면 두 번 다시 내 얼굴을 보지 못하리라"고 훈계할 만큼 이황은 엄격한 가정교육을 실시했다. 이러한 엄교 방법은 학습자에게 분명한 교훈과 메시지를 남겨서 받아들이도록 했다는 데 의의가 있다. 오늘날 자유주의 교육이 무엇을 어떻게 하도록 기대하는지가 불분명하다는 점과 비견된다.


발달 수준에 따른 교육


선비 교육의 내용은 발달 수준에 적합한 교육내용으로 구성되어 있다. 사대부 가문의 사람들은 사람마다 타고난 바가 다르다는 사실을 일찍이 인정했다. 개인차를 공자도 인정하여 논어에서는 사람이 이루어나가는 바를 몇 단계로 나누어 설명하고 있다. '타고난 사람, 태어나면서부터 아는 사람은 상上이요, 배워서 아는 사람은 그 다음이고, 막혀서 배운 사람은 그 다음이며, 막혀도 배우지 않는 사람은 최하의 사람이다' 공자는 개인의 능력차를 인정하면서, 도달점이 문제이지 개인의 능력 자체의 차이는 문제가 아니라고 주장했다. 이는 다음 구절에서 확인할 수 있다.

'어떤 이는 나면서부터 이를 알기도 하며, 어떤 이는 배워서 이를 알기도 하며, 어떤 이는 고심한 다음에야 이를 알기도 하거니와, 그 앎에 이르러서는 한 가지이다. 어떤 이는, 편안히 이를 행하며, 어떤 이는 이롭게 여겨 이를 행하며, 어떤 이는 노력하고서야 이를 행하거니와, 그 공을 이룸에 이르러서는 한 가지이다'

반가에서는 아동의 능력이 다르고 그의 학습 진도가 다르다는 사실을 인정하고 개별 교육을 시켜왔다. 가까운 친척 아동 가운데 나이가 비슷한 아이를 붙여서 같이 교육하기도 했다. 교습비용을 분담하기 위해서가 아니라 경쟁자로서 학업의 능률을 올리기 위해 나이가 비슷한 친척끼리 같이 공부하도록 했다.

아동 개인의 이해 능력에 따라서 교재의 진도가 달랐다. 선생은 자신의 가르침이 부족할 만큼 아동의 성취가 빠르면 다른 선생에게 가서 지도를 받도록 아동을 보냈다. 독선생과 다르지만 서당에서도 아이마다 책을 이해하는 능력이 다르므로 그를 별도로 지도하기 위해 반 편성을 달리하거나 특별 보충수업을 실시하기도 했다. 이러한 개별 학습은 오늘날 현대 교육학자들이 말하는 개별 교수 방법이다. 선비교육에서 개별 학습방법을 사용했다는 것은 선조들의 교육에 대한 깊은 통찰을 입증하는 것이다.


## 할아버지로부터의 교육


선비 교육의 특징은 조기 격대교육隔代敎育에 있다. 아동이 5세가 되면 할아버지가 손자의 교육을 주관했다. 어린 남아의 선비 교육이 시작되는 것이다. 어린 아동은 할아버지와 함께 자고 일어나는 순간부터 노인과 더불어 하루의 일과를 시작한다.

할아버지의 기침소리에 눈을 뜨고 나면 "잘 잤느냐?" 하는 할아버지의 말씀을 듣는다. 얼른 일어나 "할아버지, 잘 주무셨습니까?"라고 인사드린다. 윗목에 놓인 타구(가래나 침을 뱉는 그릇)나 물주전자를 가지고 나가는 것, 요강을 들고 나가는 것도 손자의 몫이다.

아침식사를 할 때에도 손자는 할아버지와 겸상을 받는다. 할아버지는 식사를 하면서도 "네 14대 할아버지는 존경스런 분이다. 그분은 열심히 공부했지만 종이 살 돈이 없었다. 그래서 냇가에 가서 바위 위에다가 숯 검정으로 글을 쓰시곤 했다. 시골에서 열심히 공부해서 과거에 급제했다" "네 8대 할아버지는 아주 현명한 분이셨다. 늘 창고에 농기구를 줄세워 두시고 잘 간수하셨고 어디에 무엇이 있는지 다 기억을 하시곤 했다. 마을 사람들이 와서 농기구를 빌려가고 어떤 이는 흙을 묻힌 채 가지고 오면 반드시 말씀하시곤 했다. '그것은 우리 것이 아닌데 바뀌었구만.' 빌려간 사람은 그것이라고 말한다. 그래도 네 8대조는 아니라고 우기신다. 할 수 없이 그 사람은 쟁기를 가지고 냇가에 가서 씻고 기름을 발라서 가지고 온다. 그때서야 제대로 가지고 왔다고 말씀하셨다고 한다" 하시며 뛰어난 조상의 이야기를 끝없이 반복한다.

구수한 할아버지의 이야기에 손자는 고개를 끄덕이면서 듣는다. 반복된 이야기는 손자에게 그 8대 할아버지의 영상을 떠올리게 하고 그의 정신을 내면적으로 배우게 한다. 어려서부터 반복된 조상 이야기는 세뇌 과정과 같다. 수백 년 전 조상이 살면서 애쓰고 배우고 이루려고 노력했던 삶의 목표가 내면화되고 삶의 가치와 행동양식도 내면화된다. 자연스럽게 보다 높은 것을 성취하려는 동기가 유발된다.

사랑에 찾아온 손님과 할아버지의 인사, 대화, 행동을 바라보면서 사랑채 교육이 온종일 지속된다. 윗사람에게 인사하는 법, 식사법, 손님 접대법 등 예절이 스스로 몸에 밴다.

그 뿐 아니라 손님들이 오고가면서 하는 이야기, 때로 멀리서 온 객들이 전하는 이야기, 밤에 잠자리에서 할아버지에게 듣는 옛이야기는 아동이 지식과 정보를 받아들이고 지혜를 배우는 교재역할을 한다.

위에서 살펴본 바처럼 부모가 아니라 조부모 세대가 조기 선비 교육을 담당하는 이유는 심리적 이유에서이다. 할아버지가 손자를 교육하는 것과 달리 젊은 세대인 부모는 아동에 대해 애착이 강하고 자녀에 대한 기대 수준이 높으므로 자녀에게 지나치게 엄격하고 많은 것을 요구한다. 자녀가 부모의 높은 요구수준에 미치지 못함에 실망하여 부모가 화를 내곤 하는 비교육적 행동을 할 수 있다.

이와 반대로 조부모는 엄격을 넘어서 자애롭다. 아동은 조부모의 자애로움 속에서 심리적 안정감을 취한다. 심리적 부담이 적으므로 조부모의 교육 효과가 더 크다. 조부가 손자녀를 교육하는 것은 인간의 심리를 잘 이해하고 보다 교육의 효과를 고려한 교육 방법이다. 부모는 자녀와의 사이에서 심리적 겨루기와 같은 경쟁심을 느낄 수 있다. 부모와 자녀간의 연령차가 적었던 전통사회에서는 부모와 자녀 세대간 이러한 심리적 경쟁심이 더 강할 수 있다. 부모는 자녀에 대한 욕심이 앞선다. 자녀에게 엄격하기만 하여 자녀를 제대로 교육시킬 수 없지만, 조부모는 손자녀를 엄격하면서도 자애로운 심정으로 교육하므로 교육 효과가 커서 더욱 바람직한 교육이 될 수 있다.

## 자녀를 바꾸어 가르치기

선비 교육 가운데 아들을 부모가 가르치지 않고 자녀를 바꾸어 교육하는 방법이 있다.  5세 이후에 아동에게 천자문 등을 가르치는 문자 교육은 어디까지나 조부에 의해서 이루어졌다. 그리고 8, 9세가 되어 본격적으로 글공부해야 할 때가 되면 글선생을 찾는다. 삼촌이나 백부를 비롯한 사촌, 육촌 사람들이나 문중의 사람들 가운데 글을 가장 잘하는 사람이 선택되거나, 아니면 먼곳에서 독선생을 모셔 온다.

글선생을 모시는 조건은 학문의 깊이일 뿐 인척 여부나 인척 간 거리가 아니다. 때로 부친이나 삼촌들이 그 집안에서 가장 학문이 깊은 사람들일 경우가 있다. 이때조차도 삼촌에게 글공부를 시키지 부친이 교육을 맡지 않는다. 서로 자녀를 바꾸어 가르치는 것을 종가에서는 교육 원칙으로 삼았다.

역자이교易子而敎는 격세대교육에서와 마찬가지로 교육 효과를 놓고 볼 때 많은 장점을 지녔다. 우선 자기의 자녀를 가르칠 때 가질 수 있는 과도한 욕심과 기대를 가지지 않았으므로 아동의 능력을 객관적으로 살필 수 있으며, 그 때문에 과다한 의욕과 성급한 교육이 가져올 수 있는 부작용이 없다. 한마디로 역자이교는 교육 효과를 감안한 효율적 교육 방법이다.

역자이교의 뿌리는 무엇인가. 역자이교는 이미 중국의 고전인 『맹자』의 「이루離婁」 편에 나온다. "군자가 자기 아들을 가르치지 않는 이유는 무엇입니까?"라는 공손추의 질문에 맹자는 응답한다.

"형세가 통하지 않기 때문이다. 가르치는 사람은 반드시 올바른 도리를 가지고 가르쳐야 하거니와, 올바른 도리를 가지고 가르치는 데에도 통하지 않게 되고 성냄을 가지고 가르치게 된다. 이어서 성냄을 가지고 가르친다면 도리어 손상시키게 되는 법이다. 또 아들이 아버지는 올바른 도리를 가지고 나를 가르친다고 하시지만 아버지도 올바른 도리를 행하지 않는다고 여기게 되면 이는 곧 부자가 서로 손상시키게 되는 것이니, 부자가 서로 손상시키게 되면 좋지 않기 때문이다. 이리하여 옛날에는 아들을 바꿔 가르쳤다. 대저 부자 사이에는 선을 따져서 꾸짖지 않는 법이니 선을 따져서 꾸짖는다면 사이가 벌어지게 되고 사이가 벌어지면 상서롭지 못함이 이보다 더 큰 것이 없다."

조선에서도 독선생을 모셔오기도 했지만, 지식인 사이에 자식을 바꿔 교육하는 일이 드물지 않았다. 아들에게보다는 친구의 아들에게 더 부드럽고 상세히 가르치는 한편 자신의 아들에게 지나친 기대를 하여 상세히 가르치기보다는 실망이 앞서서 부드럽기보다는 매를 먼저 들기 때문이었다. 아들도 아버지의 친구를 아버지보다 더 어렵게 여기므로 그 가르침을 가슴에 새긴다. 아들이나 아버지나 서로 예를 지키기 어렵지만 친구의 아들이나 아버지의 친구에게는 예를 지킬 수 있다.

## 상벌을 통한 강화

교재를 독파할 때마다 조부나 부친과 가족들이 '책걸이'를 통해 성취를 격려했다. 책걸이란 아동이 천자문이나 소학을 공부하고 나면 온 가족이 칭찬하고 떡을 해서 서당이나 이웃에게 돌리는 행사를 말한다. 떡잔치를 하면서 그동안 어려운 글자를 읽고 외우고 그 뜻을 해석하면서 겪었던 어려움을 잊고 자신의 능력에 대해서 심리적으로 흡족함을 느낀다. "내가 뭔가를 해냈구나!" 하는 만족감은 아동이 앞으로 더 큰 도전을 하도록 뜻을 품게 한다.

옛사람들은 이러한 아동의 심리를 잘 이용했다. 늘 말이 없고 엄격하기만 한 아버지의 칭찬 한 마디는 무엇보다 큰 포상이 되었다. 집안사람들이나 떡을 먹은 이웃사람들도 그동안 공부한 노력을 칭찬해준다. 주위 사람들의 칭찬 한 마디가 성취 동기를 강화시킨다.

포상은 학습의 보상 원리를 적용하는 것이다. 일반적으로 어린 아동에게 주는 보상방법으로는 먹을 것, 장난감 등의 물질 보상법이 강력한 효과를 가지고 있다고 알려져 있다. 나이가 찬 아동들은 칭찬 등 정신적 보상을 권하는데 상장은 명예와 같은 상징을 의미한다.

포상은 바람직한 교육방법이나 언제나 사용할 수 있는 방법은 아니다. 아동이 잘못을 저질렀을 때나 공부하기 싫어서 게으름을 피울 때, 거짓말을 하거나 자신의 잘못을 남의 탓으로 돌리거나 하였을 경우에는 따끔한 벌이 주어졌다. 게으름은 유학이 중요하게 생각하는 성실의 입장에서는 그냥 보아 넘길 수 없는 것이다. 거짓을 했다는 것은 아무리 어린 아이라도 선비의 곧고 정직하고 강직한 면을 키워야 하는 입지에서는 도저히 넘길 수 없는 일이다. 게다가 자기 잘못을 남에게 넘기는 것은 더 용서할 수 없는 일이다.

이때 부모는 체벌을 준다. 회초리를 구해오라고 하는 부모도 있고 늘 회초리가 안방에 걸려 있는 경우도 있다. 목침 위에 아이를 세우고 종아리를 회초리로 때리면서 무엇이 잘못되었는지를 고하게 한다. 아동은 얼른 잘못을 고하고 용서를 빈다. 반성이 제대로 된 듯하면 부모는 회초리를 거두고 그래서는 왜 안 되는지를 되묻고 용서한다.

회초리를 구해오라고 한 경우는 상당히 심리적으로 여유를 가질 수 있는 처벌법이다. 아동은 회초리를 구하러 다니면서 실제로 어떤 회초리를 가지고 가야 덜 아플 것인가를 고민하다가 부모에게 허가될 만한 약한 회초리를 구해 가지고 온다. 그 시간 동안 아동은 자신이 왜 그런 행동을 했는지를 생각하고 후회하는 한편 부모는 자녀가 저지른 실망스런 행동 때문에 생긴 화를 삭일 수 있다. 아동과 부모 사이에 격한 감정을 희석시키고 해결책을 찾을 시간이 필요하다. 회초리를 가져오는 시간 동안에 해결이 거의 된 상태이다.

아동이 잘못을 저지른 것은 한 번의 처벌로 그치지 않는다. 부모가 체벌을 한 내용은 조부모에게 알려지고 아동은 조부모 앞에서 그 잘못에 대해 다시 한 번 벌을 받거나 그래서 안 되는 이유를 듣거나 반성하는 기회를 가진다. 대개 부모의 체벌보다 조부모의 체벌이 약하다. 귀여운 손자에게 모질게 할 수 없을 뿐 아니라 이미 부모에게 한 번 혼난 손자를 또 혼내기가 어렵기 때문이다. 조부모는 너그럽게 그래서는 안 되는 이유를 설명하고 예전에 그랬다가 문제가 된 사례를 들려준다. 아동은 점차 왜 어른들이 자신의 행동에 대해서 그렇게 생각하는지를 이해할 수 있다. 상대의 입장에서 이해할 수 있게 된 것은 큰 교훈이자 교육적 발전이다.


### 연령 단위 교육


조선시대에는 연령을 구분하여 아동 교육과정을 제시했다. 5세 미만의 아동에게는 자조기술을 획득하여 일상생활에 적응하는 발달 과업이 주어진다. 이 시기는 아동이 젖을 뗀 후부터 시작하여 식사하기, 옷 입고 벗기, 용변보기, 잠자리 정리 등의 구체적이고 일상적 행동을 획득하는 시기이다. 이러한 자조행동의 동일시 모델은 가족원이다. 아동은 가족들의 행동을 보고 그 행동을 모방하여 배웠다. 흥미로운 것은 이 시기에는 아동의 성별에 관계없이 남아든 여아든 아동의 생활 교육은 주로 안채에서 할머니와 다른 여성 가족원들에 의해서 이루어졌다는 점이다.

5세까지 안채에서 기거하고 6세에는 사랑채로 나가서 천자문을 배우기 시작한다. 천자문을 뗀 후 배우는 것은 소학이다. 선비의 기본 교육으로 소학을 중시하는 이유는 소학이 아동의 기본 교육 내용을 갖추고 있기 때문이다. 소학에는 학업에 뜻을 두고 열심히 공부하는 내용, 도덕 윤리의 내용, 그리고 자세와 예절 등의 내용으로 구성되어 있다.

주자가 지은 『대학장구大學章句』의 서문에 보면 연령 단위로 배울 내용이 제시되고 있다. 사람은 태어나 8세가 되면 소학을 배우게 하고 청소,

손님접대와 나가고 들어오는 예절을, 15세가 되면 대학을 통해 음악, 수학 등을 연구하는 자세와 방법을 공부해야 한다.

조선시대 선비교육의 원리와 방법을 짚어보면, 아동의 연령에 따라 발달 과업을 가르친다. 6세, 7세, 8세 연령에 따라서 아동이 배우고 익힐 내용이 명시되어 있다. 6세에는 숫자와 방위의 이름을 가르쳤다. 7세에 사내아이와 여자아이가 자리를 같이 하지 않도록 하며 함께 음식을 먹지 않도록 가르쳤다. 8세에 문에 들어가고 나갈 때와 모임의 자리에 나아갈 때와 음식을 먹을 때 지켜야 할 예의를 가르쳤다. 이러한 예기의 교육 기준은 그대로 선비 교육의 지침이 되었다.

# 자녀교육의 방법

## 선생 모시기

선비교육은 서당에서 시작할 수 있고 독선생을 모시고 수업을 시작할 수 있다. 독선생을 모시고 일대일로 교육을 받을 때 어떤 선생을 모시는가는 일생을 가르는 중요한 일이다. 선생에게 교육을 전적으로 맡기면 선생은 아동의 인성과 학문교육을 전담한다. 선생이 더이상 가르칠 것이 없다고 판단할 때까지 아동을 기르는 것이니, 그의 전부가 한 선생에게 걸려 있다고 해도 과언이 아니다. 요즈음에도 음악 연주자들이 누구에게 사사했다고 밝히듯, 당시 조정에서 과거를 거치지 않고 벼슬을 내리는 음직을 줄 때는 누구의 제자인가와 누가 추천했는가가 중요한 선발 요건이기도 했다.

『예기禮記』에는 아들의 스승을 고르는 방법이 나타나 있고, 스승을 잘 골라 그 스승을 본받도록 했다. 여러 사람 중에서 너그럽고 인자하고 온화하고 공경하고 신중하며 말이 적은 사람을 스승으로 선정하도록 했다.
선생을 모시고 나면 교육과정이 시작된다.


모델 학습을 통한 자율적 교육


　유학적 이상형인 선비 정신을 교육하기 위해서 아동을 어떻게 훈련했
는가를 살펴보면 견문, 즉 모델 모방의 자기 체득법이라는 자율적 학습
방법이 있다. 종가의 교육방법은 반복학습법을 사용했다. 전자는 현대
심리학자들이 말하는 관찰학습법과 동일한 원리를 이용하는 학습법이
고, 반복학습법은 전통적인 학습이론가들의 학습 원리와 동일하다. 이
학습 방법은 오늘날 학습이론과 부합되는 것이다.
　김굉필은 한빙계寒氷戒를 통해서 구체적 교육 지침을 제시했다. 김굉
필은 어려서 김종직에게 배우고 무오사화에 몰려 처형되었다. 후에 조광
조와 더불어 조선의 정신적 지주로서 문묘에 배향된 인물로서 선비교육
에 관심이 많았다.
　한빙계는 18조의 항목으로 구성되어 있는데, 대부분 마음을 정심으로
유지하는 것과 학문에 성실히 임하는 자세를 언급한 것이다. 한 예로 '행
동에 항심이 있어야 한다'는 것은 행동의 일관성을 말하는 것이다. '마음
을 바르게 하여 착한 본성을 따르라'는 것은 '욕심을 막고 분함을 참으
라'고 하여, 만사의 화근인 욕심과 화를 삭이고 본심을 지키라는 것으로
내적 성찰을 의미한다. 이러한 내용은 오늘날 복잡한 현실을 사는 우리

의 마음을 다스리기에도 적절한 내용이다.

처세에 대해서는 '가난을 만족해하며 분수를 지켜라' '사치를 버리고 검소하게 살라' 고 명한다. 가난에서 벗어날 수 있으면 좋으련만, 가난을 벗어날 방도는 생각하지 않고 불만만 가진다는 것은 삶을 더 고달프게 할 뿐이다. 사치를 멀리하고 검소하게 사는 것은 전 세계 유명한 상품이 한눈에 펼쳐져 있는 요즈음을 살아가는 우리에게 절실한 교훈이다. 물건이 주는 유혹을 벗어나기 어려워 신용카드를 무작정 사용하는 젊은이들이 많다. 수백 만에 달하는 이들이 신용불량자가 된 요즈음, 무엇보다도 아동에게 어떻게 살아야 하는가를 제대로 가르치는 것이 중요하다. 가난을 벗어나는 성실함을 길러주고, 어른이 되어서는 분수를 지키는 삶의 자세가 중요한 것임을 알려주어야 한다.

그리고 공부하는 자세에 대해서는 '나날이 새로워지는 공부를 하라' '글을 읽고 이치를 생각하라' '하나에 집중하고 마음이 흩어지지 않도록 하라' 고 말한다. 집중해서 하나의 이치를 깊이 궁리하고 열심히 공부하는 것은 다른 방법이 없다고 할 만큼 오늘날에도 공부의 정도이다.

그 외에 말과 행동을 어떻게 해야 하는가를 말해준다. '잘 생각하고 부지런히 실행하라' '말을 함부로 하지 말라' '공경하고 성실한 마음을 유지하라' '시작할 때처럼 마지막까지 신중하라'

한빙계는 그것에 그치는 것이 아니라 민敏을 풀어 말한다. 공자도 논어에서 말에 신중하고 행동에는 민첩하라고 가르치고 있다. 다른 사람들이 하는 '말을 통해서 그 사람이 어떤 사람인지를 알라' '일의 징조를 알아라' 고 했다. 통찰력을 길러서 다른 사람의 됨됨이와 함께 일이 돌아가는 것을 기민하게 알아차리고 판단하고 대처하라는 것이다. 어질고 착한 것만으로는 현실에 대처하지 못할 것을 우려했기 때문이다.

한빙계의 내용은 사람이 가지고 있는 원초적 욕구나 본능을 자유 의지로 극복할 수 있는 능력을 키우는 것을 의미하며, 그러한 극복은 훈련을 통해서 가능하다고 보았다. 자신의 욕망을 억제하라고 가르치는 것이 아니라 자기 수련을 통해서 극복하라고 가르쳤다.

자기 수련은 어떻게 할 것인가. 옛습관을 없애고 옷을 바르게 차려 입고 학습 자세를 바르게 하고 마음을 한 곳에 집중시켜 나날이 새롭게 공부하라는 행동규범으로 자기 수련을 하도록 가르쳤다.

가난을 불평만 하지 않고, 분수를 지키며 공부에 힘쓰는 선비를 만들기 위한 극기 훈련을 의미하는 것들이다. 흥미로운 것은 시작이나 마지막까지 겸허하게 분수를 지키고 남을 공경하는 마음을 지니고 있는 것만으로 부족하다고 한 점이다. 공경심을 가진 사람이라도 어리석은 판단을 해서는 안 된다는 점을 포함하고 있다. 사람의 말을 통해서 그의 전모를 살필 수 있고 사태의 징조를 통해서 사태를 제대로 파악할 수 있는 능력을 강조했다. 공경과 겸허만으로 사태를 파악하지 못한다면 현실적 무능력자일 것이다. 군자는 덕을 앞세운 무능력자가 아니고 의롭고 타인에 관대하면서도 스스로 현실을 파악하고 극복할 수 있는 능력을 갖춘 자이다. 당시의 사상은 경직된 교조주의자나 사회 부적응자를 길러내는 것이 아니었다.

한빙계에서 제시한 행동법은 과거의 선비들에게만이 아니라 오늘날 우리들에게도 많은 것을 가르쳐준다. 세상이 복잡해졌음에도 불구하고 사람이 살아가는 법, 아동을 가르치는 원리는 크게 달라진 것이 없다. 인간이 인간으로 살아가기 위한 처세와 행동의 방법은 옛날이나 지금이나 앞으로도 크게 다를 바 없을 것이다. 근본은 하나이다.

# 4장
# 아동교육의 지혜가 담긴 조선의 탈무드

지혜로운 부모, 지혜로운 자녀

신뢰를 주고받는 교육

성실과 절제를 실천하는 가르침

# 공부가 다는 아니다?

아버지로부터 작은아버지 댁에 입양되었다는 말을 들은 이문원은 아무런 대꾸를 하지 않았다. 그저 말없이 장난만 치고 있다가 작은아버지 이천보를 따라서 서울로 올라왔다. 문원은 서울에 온 후 이삼 일도 안 되어 여전히 상노(잔심부름을 하는 어린아이)들과 장난을 치면서 지냈다.

양아버지는 차차 글방을 차리고 독선생(한 집의 아이만을 맡아 가르치는 선생)을 데려다가 글을 가르쳤다. 여러 날이 지나도 천자문의 첫줄 천지현황天地玄黃을 깨우치지 못했다. 이천보는 속으로 '정승감인 줄 알고 데려왔는데 큰 걱정거리를 데려왔구나' 하고 걱정했다. 이천보는 하인과 짜고는 문원에게 "네가 공부에는 관심이 없고 장난질에만 열심이니 하는 수 없이 파양해야겠다. 네가 시골집에 가서 새 마음으로 공부를 열심히 하면 다시 데려오겠다" 하고 하인과 더불어 시골집으로 내려 보냈다.

하인이 문원을 등에 업고 나오다가 성 밖에서 쉴 때 말했다.

"도련님도 딱하오. 재상댁 도련님으로 공부만 잘하면 큰 벼슬도 얻을 터인데, 어찌 공부를 싫어해 시골구석으로 나무꾼이 되려고 간단 말이오."

문원이 냉소를 띠면서 말했다.

"내가 그까짓 천자문을 왜 모르겠느냐? 광을 들여다보니까 책이 한 만 권은 쌓였던데, 섣불리 글을 아는 체하다가는 아무것도 못하고 그 책만 가지고 평생 씨름해야 할 것 같아서 처음부터 글을 모른 체한 것이다. 내가 알기만 하는 것이 아니라 쓸 줄도 안단다."

손가락으로 흙 위에 천자문의 거의 반이나 쓰고 나서 제법 하인을 훈계했다.

"사람이란 글 읽는 것만이 다는 아니란다."

하인은 기뻐서 말했다.

"그만하면 서울 도련님 될 만하오. 다시 돌아갑시다."

문원은 이 말에 펄쩍 뛰었다.

"한 번 집을 나온 내가 네가 청한다고 돌아간단 말이냐?"

하인은 배가 아파서 더 이상 갈 수 없다고 꾀병을 하면서 급히 판서 댁에 사람을 보내 기별하였다.

"그 녀석이 갈 때 뭐라고 하더냐?"

이천보가 묻자 청지기가 사실대로 말하자 그 말을 듣고 이천보가 무릎을 쳤다.

"하기야 사람이 의기만 있으면 되지 글을 많이 읽는다고 크게 되는 것은 아니지."

양아버지 이천보는 자신의 어린 시절을 떠올렸다. 이천보도 어려서 큰 뜻을 품고 있었으나 책읽기를 싫어했다. 공부를 싫어하다가 점차 철이 들면서 공부를 했다. 특히 문학에 힘써 문학에서는 당대에 이름이 드높았다. 문학을 하면서도 학문에 몰입하는 것이 늦어 42세나 되어서 과거에 급제를 했던 것이다. 이천보 자신이 대기만성형이었으니 문원의 마음을 잘 이해할 수 있었다.

양아버지는 다른 하인을 보내서 문원을 데려오게 했다. 그리고 양아버지는 문원의 호기를 장하게 여겨 글을 읽든 말든 그 애가 가문을 빛낼 것만은 틀림없다며 문원이 하는 대로 내버려 두기로 했다.

# 낙서의 범인

개구쟁이 꼬마들을 줄지어 세워두고 집주인이 나와서 소리치며 꾸중을 했다.

"이놈들! 뉘 집 담장이라고 이 난리를 쳐 놓았노. 이 낙서가 다 누구 짓이란 말이냐?"

"……"

"바른 대로 말하지 못할까? 이게 다 무어냐?"

"저는 절대로 안 그랬어요. 아까 누가 낙서하려는 걸 제가 못하게 했어요."

"어떤 아이가 낙서해놓고 도망가는 걸 제가 봤어요. 그런데 워낙 빨리 도망가서 어느 집 아인지는 못 알아봤어요."

"저는 무조건 아니에요."

"애들아, 한 명씩 찬찬히 좀 얘기해봐라."

"아, 찬찬히고 뭐고 저는 아니에요."

"야, 야! 너는 저 정도로 그림을 잘 그리지도 못하잖니. 그러니 너는 가만있어도 돼."

"하하하……"

"어휴, 정신이 다 없네. 그런데 넌 왜 아까부터 가만히 보고만 있니?"

그때서야 집주인은 우두커니 벽에 기대 선 어린 신개를 돌아보았다.

신개가 외갓집에서 자라던 무렵에 아이들이 벽에 낙서를 하여 어른들에게 꾸중을 듣고 있었다. 모두들 자기가 한 짓이 아니라고 큰 소리로 시끄럽게 변명을 늘어놓았다. 그러나 신개만은 단 한마디 말도 없이 벽에 기대 서 있었다. 그리고는 자기의 키와 벽 높이를 손가락으로 가리킬 뿐이었다. 어린 신개의 행동은 무슨 뜻이었을까. 낙서한 벽의 높이가 자기 키보다 한 자나 높다는 것을 보여줌으로써 자신이 죄가 없다는 것을 증명한 것이다. 고려 말부터 조선 초기의 학자인 신개는 세 살이라는 어린 나이로 자신의 무죄를 슬기롭게 증명했다.

어린 신개는 침착하게 슬기를 발휘하여 필요 없는 변명을 빼고 당당하게 행동으로 보여주었다. 어린 신개의 행동은 작은 것이지만 침착함과 슬기로움, 그리고 한 발짝 물러서서 생각하는 태도는 훗날 선비의 모습을 보여주는 것이다.

# 아이 발목을 문 호랑이

최영 장군은 고려 공민왕 때의 장군으로, 충성과 용맹을 겸비한 사람이었다. 한때 고구려의 옛 땅을 도로 찾으려다가 국내 사정으로 소원을 이루지 못하고 정치에 희생당한 사람이다.

최 장군이 어렸을 적 이야기이다. 산 밑에서 동무 아이들과 싸릿개비 활에 수숫대 살로 나무 말을 타고 전쟁놀이를 하고 있었다. 산꼭대기에서 여러 사람이 떠드는 소리가 나서 최영이 따라가 보았다.

동리사람들이 호랑이를 잡으려고 함정을 놓았었다. 큰 호랑이가 그 함정에 빠졌는데 한 아이가 발길질을 하며 호랑이와 어루다가 그만 한쪽 발이 함정 속으로 들어갔다. 함정 속에서 잔뜩 노리고 있던 호랑이는 날세게 아이의 발목을 덥석 물었다. 깨물지도 않고 놓지도 않고 발목을 물고 있었다. 이를 보고서 사람들이 의논을 했지만 말만 분분했다.

"호랑이를 때려잡으려고 하면 발목을 잡힌 아이가 먼저 죽을 것이고, 아이를 구하려니 방법이 없구나. 그렇다고 아이 발을 문 호랑이를 함정에서 내어놓으면 마을 사람들이 위태로울 것이니 어찌할 것인가?”

　이러한 상황을 본 최영은 곁에 있는 어른에게 버선 한짝을 벗어달라고 부탁했다. 버선 한 짝을 장대 끝에 끼어서 함정 속으로 들여보냈다. 어두컴컴한 함정 속에서 호랑이는 사람의 발이 들어오는 줄 알고 다시 물려고 입을 벌렸다. 그 순간에 아이의 발이 빠져 나왔다. 아이는 살고 호랑이는 함정에 그대로 갇혔다.

# 뱀의 먹이는 개구리

이항복의 아버지는 이몽량이다. 어느 여름날이었다. 이몽량이 대청에 누워 잠을 자다가 뭔가 배가 서늘함을 느꼈다. 눈을 떠보니 커다란 뱀 한 마리가 배를 타고 서서히 올라오고 있었다. 잘못했다가 물리는 날에는 죽을 것 같아서 죽은 듯이 가만히 누워서 꼼짝도 하지 못하고 있었다.

밖에서 우당탕탕 하고 막내 항복이 들어오다가 이 상황을 보았다. 이몽량이 50세나 되어서 본 늦둥이가 항복이다. 항복이 장난질하다가 땀을 흘리고 헐레벌떡 들어오다 멈칫 하고 섰다. 뱀이 아버지 배를 타고 올라가는 것을 본 것이다. 멍하니 보고 있더니 무슨 일인지 슬그머니 도로 나갔다.

'이제 죽었구나. 저 장난꾸러기가 뱀을 보고 갔으니 필경 몽둥이를 들고 와서 내리치겠구나. 그러면 뱀이 놀라서 날 물겠지. 오늘 뱀에 물려 죽겠구나.'

이몽량이 이렇게 생각하고 있는데 항복이 들어왔다. 그런데 항복이 몽둥이는 가지고 오지 않고 배만 불룩하니 불러서 들어왔다. 항복이 가까이 다가와서는 웃저고리를 들썩하니 그곳에서 개구리들이 여러 마리 튀어 나왔다. 뱀은 개구리를 쫓아서 배에서 미끄러져 내려갔고, 이몽량은 슬그머니 회심의 미소를 지으면서 뒷걸음쳐서 밖으로 나왔다.

'저 아이가 위급한 때 개구리로 뱀 잡는 생각을 할 정도면 큰일을 하겠지.'

이항복의 아버지는 장난질이 심한 개구쟁이지만 항복이 커서 뭔가를 이룰 인물이 될 것이라고 기대하였다. 아들의 하는 짓이 아이 짓이기는 하지만 그 행동 속에 깊은 생각과 판단력이 들어 있기 때문이었다. 아들에게 공부하라고 권하기는 하였지만 꾸짖거나 매를 치는 일은 하지 않았다. 아들의 가능성을 알고서 그를 믿었기 때문이다. 아버지의 신뢰는 아들의 그릇을 크게 키웠다.

아버지는 일찍 돌아가고 어머니마저 돌아가서 혼자 컸지만 아버지가 항복을 믿었듯이 장인 권율이 항복의 재능과 가능성을 믿었다. 두 어른의 믿음으로 항복이 타고난 재능을 키우며 성장할 수 있었다.

# 아비만큼 자식을 잘 아는 이 없어

송기충이 선산 부사로 있을 때였다. 선산에 사는 한 노인이 돌아가자 그 아들 삼형제가 부친의 유산을 가지고 소송을 했다.

"아버지가 막내에게 전 재산을 주고 첫째와 둘째 아들에게는 한 푼도 재산을 주지 않았습니다. 이 일을 제대로 가려주십시오."

아버지가 죽으면서 막내아들에게 전 재산을 주고 맏이와 둘째에게는 주지 않았다는 것이다. 삼 형제가 한 어머니의 소생이었다. 그렇다면 왜 부친은 막내에게 전 재산을 주라고 했을까?

부사는 일부러 풀을 묶어 인형을 만들어 소송하는 이들의 부친이라고 칭하고 그 인형을 끌어당기게 했다. 맏이와 둘째는 풀 인형을 끌어당겼으나 막내는 "비록 풀로 만든 인형이라고는 하지만 아비라는 이름을 붙였으니 어찌 잡아끌 수가 있겠습니까? 차마 못할 일입니다"라고 피했다.

이를 통해 막내가 아버지를 생각하는 깊은 마음이 있음을 알았다. 부사가 탄식하기를 "자식을 아는 데는 아비만한 이가 없다고 하더니 너희 부

친이 아들들을 살펴보아서 밝게 알았구나. 막내아들에게 홀로 후하게 유
산을 남긴 것은 당연하구나" 하고 형제를 재판장에서 내쫓았다.

# 일부러 미친 짓하는 처녀

인조 임금이 소현세자의 신부감을 간택할 때의 일이다. 도처에서 지체 높은 양반집 규수들이 많이 뽑혀 왔다. 장래 왕비감을 찾는 일이니 가문도 좋아야 하고 외모도 빠져서는 안 되고, 성품이나 부덕을 갖춰야 했다. 조정에서는 전국에서 귀한 가문의 처녀들을 상대로 그 기준에 맞춰서 아름답고 덕 있고 심성이 좋은 처녀들을 뽑아 올렸다.

뽑힌 처녀들 가운데 권씨 가문의 처녀가 있었다. 아버지도 학식이 높고 대대로 가문의 격이 높은 집안이어서 왕실에서 그 처녀에 관심을 두고 있었다. 마침 그 처녀는 외양이 반듯하고 얼굴이 덕성스럽게 보였다. 사람들이 그 외모에 끌려서 관심을 가지고 줄곧 지켜보았다.

그런데 외양이 반듯한 그 처녀가 행동을 함부로 하는 짓이 이상했다. 처녀가 앉고 서는 것도 법도가 없고, 웃음을 함부로 헤프게 웃었다. 게다가 음식을 먹을 때 밥, 국, 고기를 모두 손으로 아무렇게나 집어먹었다. 도저히 가정교육을 제대로 받은 처녀로 보이지 않았다. 그 가문에 저런 처녀가 있다니 믿기지 않을 정도였다.

궁중 사람들이 그녀가 미친 것 같다고 말했다. 임금도 정신병이 있다고 생각하여 권씨 처녀를 돌아보지 않았다. 처녀들 가운데 소현세자의 신부감 후보로 정해진 몇 명을 제외하고 나머지 처녀들은 대부분 집으로 돌아갔다. 권씨 처녀도 집으로 돌아갔다.

그 후에 임금이 권씨 처녀가 좋은 가문에 시집가서 잘 살고 있으며, 권씨 부인이 지혜롭고 어질다는 소문을 듣고 "내가 그 어린 처녀의 술책에 빠졌구나" 하면서 탄식했다. 세자빈이 되기 싫어서 정신 나간 사람처럼 행동해 임금을 비롯해 사람들의 눈을 속였던 것이다.

훗날 청나라에 끌려가 볼모 생활을 하다가 돌아온 소현세자는 불과 두 달 만에 급사하고 그 세자빈도 역모라는 이유로 죽임을 당했다. 청나라에서 접한 천주학과 서양과학에 빠져 있는 세자를 불안하게 여겼던 조정이 그렇게 했던 것이다. 세자빈이 낳은 아들 삼형제는 제주로 귀양을 보냈는데, 귀양 갈 때 큰 아들이 12살, 둘째 아들이 8살, 막내는 불과 4살이었다.

마치 이런 비극을 예상이라도 하였듯 권씨 처녀는 미친 짓을 하여 세자빈으로 간택되지 않았기에 그 변을 피할 수 있었다.

# 주인이 자기 집 도둑이 되고

조동지는 성주에서 몇 안 되는 부자였다. 젊을 때부터 열심히 일해서 많은 재산을 가지고 있었다. 부자로 소문이 난 조동지는 늘 도둑을 걱정하여 밤늦게까지 불을 켜 놓고 있다가 늦게 잠들곤 했다.

어느 인적이 드문 날 밤이었다. 조동지가 잠이 들려고 하다가 한쪽 울타리 밑에서 바스락거리는 소리를 들었다. 가만히 일어나 나가 보니 도둑이 울타리를 뜯고 있는 것이 분명했다. 후문을 열고 나가 괭이 한 자루를 들고 나섰다. 도둑이 울타리를 뜯고 있는 반대편에 괭이로 서편 담을 호비작호비작 파들어갔다. 도둑이 정신없이 파다보니 반대편에서도 쿵쿵 파들어오는 소리가 들렸다. 누가 이 밤에 무엇을 하는 소리일까 생각해서 살금살금 소리 나는 곳으로 와보니 어떤 도둑이 수건을 둘러쓰고서 담을 파고 있었다.

'나 혼자뿐인 줄 알았는데 나 같은 도둑이 또 하나 있구나. 가만히 있자, 저놈은 무슨 연장을 가지고 있는데 나는 그도 없으니 함께 하자고 하

는 편이 낫겠다.’

그 옆으로 가서 담을 파고 있는 사람의 등을 치면서 "여보, 이 양반!" 하고 부르니 그 도둑이 "아이고! 잘못했습니다"라고 싹싹 빌었다.

"아니 놀랠 것 없소. 나도 당신과 같은 도둑이오. 우리 협력해서 일합시다."

"나도 간담이 서늘했는데 그럽시다그려."

"그런데 당신은 이 집의 돈 둔 곳을 아시오?"

도둑이 물으니 조동지가 대답했다.

"그야 돈 있는 데도 모르고 일한단 말입니까? 이 집 후원 감나무 밑에 파 묻어두었지요."

"참 잘 되었소."

두 사람은 담을 뜯은 후에 후원으로 들어갔다. 밤나무 밑에서 담을 차례로 파던 차에 도둑이 땅을 팔 때였다. 조동지는 도둑의 발을 단단히 묶어서 감나무에 매달아 놓았다. 조동지가 아우성치는 도둑을 매달아둔 채 집으로 들어가서 한 식경에 버둥거리다가 기진해 있는 도둑을 풀어주고서 방으로 데려다가 술과 따뜻한 음식을 먹도록 했다.

"당신도 보아하니 무지몰각한 사람은 아닌 듯한데 젊은 사람이 무엇을 못해 도둑질을 한단 말이오. 사람이 사람다운 일을 해야 하지 않겠소?"

조동지는 도둑이 집에 갈 때 돈과 포목을 필로 주면서 "예가 아니나 받아가지고 가시구려. 얼마나 곤궁했으면 그리 했겠소?" 하고 말했다. 도둑은 그 후로 나쁜 버릇을 버리고 회개하여 선량한 사람이 되었다고 한다.

# 다시 노비로 돌아가려

선조 때 무인 유극량은 어려서부터 힘이 장사이고 몸이 날쌘데다가 머리가 명석했다. 어려서부터 이웃사람들이 유극량이 무사가 될 것이라고 말하곤 했다. 그 말대로 무과에 급제해 벼슬에 나가게 되었다. 홀어머니가 정성껏 키운 덕이라고 이웃에서는 칭찬을 했다.

그러던 어느 날 어머니는 마침내 유극량에게 수십 년 동안 숨겨왔던 사실을 털어놓았다.

"애야, 오늘 너에게 차마 입에서 떨어지지 않을 이야기를 해야겠다."

"……"

"들어서 좋을 얘기는 아니다만, 평생 묻어둘 수만은 없는 얘기겠지."

"말씀해 주십시오, 어머니."

"나는 본시 홍 정승집 여종이었다. 어느 날 실수로 그 집 옥술잔을 떨어뜨려 깨고 말았지. 옥잔을 깨뜨린 것이 알려지면 벌을 받을까봐 겁에 질려서 무작정 도망을 나왔다가 돌아가신 네 아버지를 만나 너를 낳게 된 것이란다."

"……"

"이제서야 이렇게 밝히게 되는구나. 놀랍고 또 놀라울 네 마음을 모르는 바 아니지만, 털어놓고 나니 어미 마음은 차라리 시원하구나."

묵묵히 어머니의 이야기를 듣고 있던 유극량은 웬일인지 그 길로 집을 나섰다. 그리고는 어머니의 옛 주인인 정승 홍섬의 집을 찾아갔다. 그는 정승 앞에 정중히 절하고 말했다.

"홍 정승 나으리, 저는 이십 여 년 전 이 댁 옥 술잔을 깨고 달아난 어린 여종의 아들 유극량이라 하옵니다. 못난 어미와 저의 불찰로 이제서야 그 사실을 듣고 이렇게 정승 나으리 앞에 인사드립니다."

"그래, 사실이 그러하온데 내게 무슨 볼일이라도 있느냐? 오래 전의 일을 가지고 설마 다시 노비가 되겠노라고 제 발로 찾아온 것은 아닐테고……"

홍 정승은 유극량의 기색을 살피며 물었다.

"나으리, 저는 제 신분이 그런 줄도 모르고 무과 시험에 응하여 이미 합격을 했사옵니다. 사실이 밝혀진 이상, 임금께 글을 올려 과거 합격을 무효로 하고 다시 천민 신분으로 되돌아가서 정승 나으리를 주인으로 모시겠습니다."

"되었다. 너의 정직함을 내 알겠으니 이제 그만 물러가라."

"아닙니다, 나으리. 군자는 어느 상황에서도 추호도 거짓이 없으라 배웠습니다. 부디 거두어 주십시오."

"과거 시험을 위해 쏟아 부은 너의 땀과 노력이 모두 허사가 될 터인데도?”

“저는 조금도 개의치 않습니다. 남을 속이면서 명예를 누리며 사느니, 정직하게 제 신분인 노예로 살겠습니다.”

홍 정승은 잠시 생각에 잠겼다. 그리고는 이렇게 말을 이었다.

“장하다. 너의 뜻이 정 그러하다면 내 너에게 노비에서 풀어준다는 글을 정식으로 써 주마. 나아가 큰일을 하거라.”

“……”

“그리 알고 물러가라.”

“고맙습니다, 나으리. 제 비록 나으리의 종이 아니라 해도 이 은혜 잊지 않고 저의 어른으로 모시겠습니다.”

유극량의 사람됨을 본 홍섬은 그 인품에 반했다. 홍섬은 그 후 유극량을 조정에 추천해서 높은 지위에 오르게 했다.

유극량은 지위가 높아져도 늘 그 마을에 들러서 안부 인사를 드리러 왔는데, 천민처럼 반드시 말에서 내려서 걸어들어 왔다. 그리고 정승에게 노예처럼 안부를 전하고 돌아가곤 했다. 이처럼 정직함을 보여준 유극량은 전라도 수군절도사가 되었다. 임진왜란 때 임진강 전투에서 용감히 싸우다가 장열하게 전사했다.

# 우물에 빠진 아이

'이제 곧 새벽이 오겠지. 그러면 또 누군가 첫새벽에 물을 길러 오는 부지런한 사람이 반드시 있을 거야. 두려워한다고 해결될 문제가 아니지. 절망하거나 좌절한다고 해결될 문제는 더더욱 아니고…… 어디 보자. 하늘빛이 점점 푸른색으로 변해 가는 걸 보니 새벽이 멀지 않았군. 조금만 더 힘을 내자. 걱정하고 계실 부모님과 형제들을 생각해서라도 조금만 더 버텨보자.'

위기에 닥쳤을 때, 특히 갑작스럽게 목숨이 위태로울 수도 있는 절망적인 위기에 닥쳤을 때는 누구나 당황하게 마련이다. 더구나 그 위기를 맞은 사람이 여섯 살 어린 아이였다면 더 말할 필요도 없다. 자꾸 허둥거려지고, 또 자꾸만 불길한 쪽으로 생각되고, 당황해서 울거나 소리치고, 아니면 아예 미리 포기하는 경우도 많을 것이다.

조선 초기의 무인 변협은 여섯 살 때 앞을 잘 살피지 않고 바삐 달려가다가 그만 깊은 우물 속에 떨어지고 말았다. 재빨리 우물 안의 돌을 붙잡고 물에 빠지지 않고 버티고 있었다. 밤이 되어 집에서 찾았겠지만 아무도 마을 한 모퉁이에 있는 우물 속을 들여다보지 않았다. 소리를 질러 외쳐도 우물 안에서만 소리가 맴돌고 밖으로는 들리지 않는 듯 아무도 찾아오지 않았다. 밤이 되었다. 물 위에 어둠이 깔리고 하늘이 보였다. 푸른 밤하늘에 별들이 총총 박혀 있었다. 어린 변협은 날이 밝기만을 기다렸다.  얼마 후 새벽이 되어 드디어 이웃 한 사람이 물을 길러 우물에 나타났다.

"여기 보십시오."

"헛! 이게 무슨 소리지?"

"놀라지 말고 여기 좀 보십시오."

"에구머니! 내가 헛것을 들었나?"

"제발 돌아가지 마시고 여기 좀 보세요. 여기, 우물 속 말입니다."

변협은 조금도 당황하지 않고 이렇게 말했다.

"저는 아무 집의 아이입니다. 보시다시피 이 속에서 빠져나가야 하니 큰 새끼줄을 가지고 와 주세요."

오히려 놀란 것은 물 길러 온 이웃 사람이었다. 이웃 사람의 말을 듣고 온 집안이 깜짝 놀라 달려가 보니 변협은 전혀 두려워하지 않고 태연하게 있었다. 어린 아이가 우물 속에서 밤새 있으며 얼마나 무서웠을 것인가. 여섯 살의 어린 나이로 위기 상황을 차분히 이겨냈다. 침착하게, 자기가 처한 상황을 찬찬히 살피면서 그 상황을 이겨낼 궁리를 한다면 결코 두려울 게 없을 것이다.

변협은 이이를 스승으로 모시고 성실히 배워 학문에도 뛰어났고, 천문,

지리와 수학에도 뛰어났다. 지혜롭고 용기 있는 변협은 선조 임금 때 활을 잘 쏘아 무과에 급제해 포도대장이 되었다. 변방의 열 개 군현을 순시하여 산천과 도로의 모양을 조사해서 도표를 만들어 적이 침략해 왔을 때 이용했다. 그 외에도 천문을 관측해서 기후의 변화라든가 기타 변란을 예측하면 대개 틀림이 없었다고 한다. 변협은 유명한 장군이 되었고 명종 때에는 침략하는 왜구를 격파해 크게 이겼다. 여섯 살 적 침착함과 그 지혜로움이 어른이 되어 장군의 자질이 되었음은 말할 필요가 없을 것이다.

# 작은 부자는 사람이, 큰 부자는 하늘이 낸다

　어느 시대에나 사람들은 부자가 되기를 원한다. 특히 현대 자본주의 사회를 사는 사람들은 더욱더 부자가 되기를 바란다.

　선비는 부자에 대해서 두 가지 생각을 가지고 있다. 하나는 작은 부자는 노력해서 이룬다는 생각이다. 사람이 부자가 되기를 바라는 것은 당연하고도 자연스러운 소망이다. 생활을 잇기 위해서 농사나 길쌈 등 생업을 열심히 하고 노력하는 것은 매우 중요한 일이다. 그 노력에 의해 조금씩 정당한 방법으로 모은 재화가 쌓여 부자가 되는 것은 좋은 일이다. 노동을 통해서 정직하게 쌓아올린 부를 청부淸富라고 이름 붙였다.

　한편 큰 부자는 노력으로 이루어지는 것이 아니라 하늘이 낸다고 생각했다. 부자가 되려는 것은 누구나 가지고 있는 욕심이지만 그 욕심을 적절히 통제하는 것이 필요하다. 욕심이 지나쳐 단번에 큰 부자가 되려고 무리한 방법을 사용하거나, 부자가 되기 위해서 아래 사람들을 괴롭히는 것으로는 큰 부자가 될 수 없다고 생각했다. 큰 부자는 사람의 욕심과 노력으로 되는 것은 아니라 운명이 만들어준다고 생각함으로써 부자가 되려고 무모하게 덤비는 것을 경계했던 것이다.

선비는 스스로 절약하여 생활을 영위할 뿐 큰 부자든, 작은 부자든 되려고 애쓰지 않았다. 선비는 학문을 즐기고 공부하고 도덕적 삶을 살아가는 인물로 생각했다.

선비가 벼슬길에 나가서 사대부가 되면 녹봉이 많아 부자가 되는 것은 자연스런 일인데 왜 사대부에게도 빈한한 선비상을 강조했을까. 사대부가 부자가 된 것은 다른 사람에게 덜 베풀었기 때문이라고 생각했다. 조선의 많은 정승들이 급료가 적어서 가난했던 것이 아니라 가난한 친족과 주위 여러 사람에게 베풀었기 때문에 가난하게 살았다. 따라서 정승이 가난한 것은 욕심 없이 이웃을 돕고 살았다는 것이므로 사대부가 빈한하다는 것은 청빈한 선비상을 지키고 있음을 증명한 것으로 뭇사람들에게서 존경받아 마땅하다는 생각이다.

부자가 되는 것을 장려하기보다 꺼리는 것은 부에 대한 이중적 태도를 견지한 것이다. 실제로 속으로는 부자가 되기를 바라면서도 큰 부자가 되어 주위 사람들을 상대적으로 빈곤하게 느끼게 할 것을 원하지 않았다. 그래서 부자가 되면서도 가난한 이웃의 원성을 쌓지 않도록 슬기롭게 대처해 온 가문들이 있다.

강릉에 전주 이씨 완당공 종가에서는 곡식을 거둘 때 그 사정을 살피고, 주위에서 가난해서 굶는 사람이 있을 때면 늘 그들을 구제하곤 했다. 민란이 났을 때 종부는 종가의 광 열쇠를 주면서 무엇이든 필요한 것을 가져가라고 당당하게 말했다. 종가의 명성과 종부의 당당한 자세에 눌러 사람들은 아무것도 요청하지 않은 채 종택을 떠났다. 동해 바다 경포에 맞물려 있는 종택이 수백 년 긴 세월 동안 유지되어 온 것은 이러한 지혜로운 대처로 가능했을 것이다.

안동의 의성 김씨 청계공파 종가에서는 삼백 석 이상 부자가 되지 말라고 후손들에게 당부했다. 일정 수준의 부가 쌓이면 부가 부를 쌓아서 큰 부자가 되기 마련이다. 선조는 부자가 되려고 애쓰면서 소작인들을 가혹하게 대하거나 주위 사람들에게 상대적 박탈감을 줄 것을 우려했다. 어려운 사람들이 가혹한 대우를 받았다고 느낄 때 발생할 수 있는 사태를 우려했기에 삼백 석 이상 곡식이 쌓이면 나머지는 나누어 주든지 소작인에게서 덜 거두어들이도록 당부했던 것이다.

실제로 경주 최부자 집에서도 재산이 어느 수준 이상 쌓이는 것을 우려해서 가을에 추곡한 쌀이 오백 석을 넘으면 그 이상은 모두 소작농에게 나누어 주었다. 이 원칙을 몇 대를 지키다보니 부자로 살면서도 주위 사람들의 마음을 살 수 있었다. 사람들의 인심을 얻어서 그 부가 별 탈 없이 여러 대 동안 유지될 수 있었던 것이다.

예전부터 평야가 드넓은 호남에는 큰 부자가 많았다. 영남에는 그처럼 너른 들이 없는데 비해서 호남은 규모가 다르므로 큰 부자가 끊임없이 있었다. 주위의 인심을 얻은 부자는 변란이 여러 차례 있었어도 가문과 재산을 유지할 수 있었고 그렇지 못하면 큰 해를 입었다. 호남 고씨 종가는 홍건적의 난을 비롯한 어떠한 민란에도 해를 입지 않았다. 오히려 난민들이 들이닥쳤을 때 그 대장이 종택에 손을 대지 말라고 경고하고 저녁밥을 지어먹고는 산으로 가곤 했다. 다만 일제시대에 독립운동을 지원

했다는 이유로 고택이 불에 타는 변고를 당했다. 일본인들이 종택에 불을 질렀던 것인데 고택이 타고 난 자리에 문고리만 한 지게가 넘었다고 한다.

청부가 되는 것은 목숨과 집을 지키며 재산을 지키는 길이었다. 지혜로운 선인들은 그 길을 알고 현명하게 대처해왔으므로 많은 위기 속에서도 가문의 안전을 꾀할 수 있었다.

해방 후 해주가 공산당 치하에 들어갔다. 율곡 이이 종가에서는 종손 이재능이 1947년에 위패를 안고 남하하는 도중에 임진강 근처에서 내무서원에 붙잡혔다. 마침 그 내무서원은 종가의 하인으로 있던 사람이었다. 한 번은 그 집의 굴뚝에서 연기가 나지 않기에 쌀 한 가마니를 보내준 적이 있었다. 그것을 감사히 여겼던 내무서원이 그가 월남하는 것을 도와주었다.

그 후 1·4 후퇴 때 어머니를 모시고 와야 한다고 종손이 해주로 되돌아간 적이 있었다. 어머니를 뵙기는 했지만 함께 얼마 걷지를 못하였다. 연로한 어머니가 가지 못한다면서 아들의 등을 떠밀고 어서 떠나라고 말했다. 밤중에 산길을 걷다가 두 명의 내무서원에 붙잡혔다. 한 사람이 바로 그 하인이었다. 율곡 종손을 해하려는 동료를 오히려 해하고 종손이 월남하도록 도와주었다. 훗날 그 사건이 밝혀져서 그가 총살을 당했다. 옛 주인의 목숨을 지켜주고서 대신 죽음을 당한 것이다. 명문 종가에서 청부와 인정으로 쌓은 덕으로 위기가 닥칠 때마다 사람들의 도움을 받아 위기를 극복할 수 있었다.

# 모욕당한 아버지를 구한 아들

    조선 전기 문신인 윤효손이 어렸을 때의 일이다. 윤효손의 아버지가 의정부 녹사가 되어 새벽에 정승 박원형에게 문안을 갔다. 청지기가 정승이 아직 일어나지 않았다고 하면서 정승에게는 윤처관이 찾아왔는지조차 알리지 않았다. 문 앞에서 기다리다가 날이 늦으니 배고프고 피곤하여 집에 돌아와 효손을 보고서 "나는 못나서 이렇게 모욕을 당하지만 너는 부디 부지런히 공부하여 네 아비같이 되지 말라"고 말했다. 효손이 아버지 몰래 아버지의 명함지 끝에 다음과 같이 썼다.

대감이 단잠 잘 때 해는 높이 뜨고
문앞에서 기다리며 명함을 만지작거리다보니 이미 그 끝이 닳았네
꿈 속에서 주공의 성인됨을 보신다면
그때에 토포악발吐哺握髮*의 수고를 물어 마땅하리라

* 토포악발 민심을 수렴하고 정무를 보살피기에 잠시도 편안함이 없음

　다음 날 아버지가 정승 집에 가서 명함지를 하인에게 주었다. 정승이 명함지에 쓰인 시를 보고서 효손의 아버지를 불러들여 "네가 쓴 것이냐?"고 물었다. 효손 아버지가 놀라서 어찌할 줄 모르다가 글씨체를 보고서 정승에게 사실대로 이야기했다. 시에는 부친이 당한 모욕과 정승의 배려를 부탁하는 내용이 담겨 있었던 것이다. 때로 아이의 지혜가 어른의 것보다 나을 때가 있다. 정승이 아들을 데려오라고 해서 효손을 만나 보았다. 아이의 명석함을 보고서 칭찬했음은 물론이고 효손의 재능을 아껴 사위로 삼았다.

# 개구리를 좋아하는 뱀

사람은 위기를 당했을 때 지혜로운 사람인지를 알 수 있다. 지혜로운 사람은 위기를 당해서 침착하게 극복할 방법을 찾아서 그 위기를 넘어선다. 어리석은 사람은 위기에 당황하고 잘못 대처하며 스스로 혼란을 불러오기도 한다. 위기가 사람을 평가하는 기회이다.

조선 중기의 문신 홍언필이 친상을 당해서 묘소 옆에 설치된 여막을 지키는데 그 아들 홍섬이 아버지를 따라와 함께 지냈다. 여름철이어서 언필이 나무 밑에서 자다가 눈을 떠보니 홍섬이 알몸으로 누워 있는데 뱀이 배 위로 지나가는 것이었다. 홍섬이 빤히 쳐다보면서도 꼼작도 않고 있다가 뱀이 지나가고 난 뒤에야 일어나서 달아났다. 홍언필이 이상하게 여겨서 아들에게 물어보았다.

"뱀이 네 몸 위를 지나가는데 어찌 쳐다만 보고 가만히 있었느냐?"

"막 지나갈 때 몸을 움직이면 뱀이 나를 물었을 것입니다. 움직이지 않았으므로 뱀이 나를 사람으로 여기지 않고 목석으로 알았습니다. 저 또

한 스스로 사람이 아니고 목석이 되었으므로 뱀이 물지 않은 것입니다. 이러한 이유로 뱀을 쳐다보기만 하고 움직이지 않았습니다.”

홍언필은 아들의 지혜로움을 보고 그 어린 나이에 생각이 깊고 신중한 것에 놀라고 한편으로는 어떤 일을 당해도 지혜롭게 대처할 것이라고 생각해 안심했다. 이처럼 어려서부터 지혜로운 홍섬이 공부를 하여 문과에 급제하고 후에 정승을 지냈다는 것은 이상한 이야기가 아닐 것이다.

# 일부러 다리에서 떨어져 목숨을 구해

　허종은 문과에 급제하고 학식이 뛰어난 것으로 유명했다. 게다가 성품이 강직하고 도량이 넓었으며 담력이 있었다. 이 때문에 허종은 문관과 무관을 겸해서 직책을 수행하고 여러 차례 혁혁한 공을 많이 세웠다.

　문관으로 있을 때 임금에게 바른말을 주고받을 언로言路를 열고, 유교 이외 이단을 배척하며, 임금과 신하가 강의하고 논의하는 경연을 자주 열 것을 건의했다. 무관으로도 함길도 절도병마사로 이시애의 난을 평정하는 등 혁혁한 공을 세웠다. 그리고 예조판서로 압록강 대안지역 오랑캐의 침략을 막고 그들이 침략하는 길을 살펴 지도를 만들었다.

　이처럼 문관과 무관의 재주를 겸한 허종도 누나의 현명함을 잘 알고 때때로 세상사를 의논하곤 했다. 허종은 자신이 옳고 그름을 판단하기 어려울 적에 늘 누나의 판단을 경청했다. 누나는 남자들도 판단하기 어려운 일을 현명하게 판단하곤 해서 허종은 그것을 따를 때가 많았다.

　성종의 왕비 윤씨를 폐위시킬 즈음에 정승 허종이 새벽에 대궐에 들어

가다가 이 날도 누나의 집에 들렀다. 누나가 왜 이렇게 일찍 대궐에 들어가는가 물었더니 "장차 폐비에게 사약을 내리기 위해서 회의를 한다는 명령이 있어서 대궐에 들어갑니다"라고 말했다. 누나가 대감의 뜻이 어떠냐고 물으니, 허종이 "임금의 뜻이 그러하니 어쩔 수 없는 일"이라고 응답했다. 누나는 동생에게 왕비 폐위가 가져올 결과에 대해서 말했다.

"나는 아는 바가 없어 쉬운 예를 들어서 말하겠소. 가령 종들이 집 바깥 주인의 뜻을 어기지 않으려고 첩을 죽였다가 후일에 가서 첩이 낳은 아들을 섬기게 될 때 과연 마음이 편안하며 또 화가 없을 것을 보증하겠습니까?"

허종이 누나의 말을 듣고서 크게 깨달았다. 말을 타고 가다가 다리에 이르러 일부러 말에서 떨어졌다. 하인들이 허종을 메고 집으로 돌아가 병환을 핑계 삼아 그 회의에 참석하지 않았다. 훗날 연산군이 임금이 된 후에 생모가 사약을 받고 죽은 것이 드러나 그와 관련된 사람들이 참혹한 화를 입었다. 그 화로부터 허종 형제만 살아남았다. 누나가 허종과 그 가족이 참혹한 화를 당할 것을 미리 구한 것이다. 훗날 사람들은 허종이 떨어진 다리라는 뜻에서 그 다리를 종침교琮沈橋라 불렀다.

# 학업을 격려한 윤씨 부인

윤씨 부인은 병자호란을 당해 강화로 갔다가 둘째 아들 김만중을 배에서 출산했다. 청나라와의 싸움에 지자 두 왕자를 모시고 갔던 남편이 바닷물 속에 몸을 던졌다. 그때 스무 살 남짓한 나이에 두 어린 아이를 데리고 살았다. 남편이 죽은 후의 막막한 심정을 윤씨 부인은 아래와 같이 말했다.

"큰 아이는 어리고 작은 아이는 바다 한가운데서 태어났다. 그런데 두 아이가 오래도록 홍역을 앓지 않아서 그들이 살지 죽을지 알 수 없었다. 아비 없이 키우는 두 아이를 인정으로야 애석하게 여기며 응석으로 키울 바이나 나는 배움을 독촉할 뿐 다른 것을 할 겨를이 없었다. 내 입장에서 죽지 않고 살아 있는 이유는 아이들을 제대로 키우기 위해서였다. 어릴 때 가르치지 못하면 끝내 배우지 못한 사람이 되고 만다. 배우지 못한 두 아들이 어른이 된다면 후사가 없는 것이나 다를 바 없다. 내가 가르치는 일을 다 했다가 두 아이가 모두 단명하여 요절하고 제대로 성장하지 못한다면 그때 내가 무엇 때문에 구차한 삶을 살아가겠는가? 그래서 용감히 결단을 내려서 늦추지 않고 다른 일에 얽매이지 않고 오직 공부 독책하기를 무척 엄하게 했다."

그런데 윤씨는 늘그막에 본 손자들은 그처럼 공부를 열심히 하지 않고 엄하게 시키지도 않았던 모양이다.

"요즘 손자들이 부지런히 책을 읽지 않는 것을 보고도 옛날처럼 독책하지 못했다. 시대가 다를 뿐 아니라 생각해 보니 나도 기운이 쇠하였다. 아! 너희 여러 손자들은 내가 옛날에 괴로운 심정으로 너희 아버지 형제를 제대로 키운 것을 알아야 한다."

윤씨 부인은 손자들을 다시 엄하게 가르치고 훈계하였다. 그러면서도 쉬는 동안에 손자들이 놀이를 할 때면 함께 참여했다. 놀이의 대부분은 글이나 역사적 사실에 대한 것이었다. 놀고 쉬게 하면서도 늘 관심이 문자와 학문에서 떠나지 않았으므로 윤씨 부인에게 글을 배운 손자들은 전혀 염증을 내거나 권태를 느끼지 않았다. 그처럼 다정하게 껴안고 글공부를 인도해 주었기에 여러 꼬마 손자들은 어려워하면서도 애정을 느껴서 할머니 옆에 둘러앉아 글을 배우면서 감히 게으름을 피우지 못했다고 전한다.

여러 어린 손자들을 곁에 두고 글공부를 가르쳤기 때문에 책 읽는 소리가 뒤섞여 서당처럼 요란했던 모양이다. 어떤 사람은 그 소리가 요란해 노인이 섭양하는데 방해가 되겠다고 하였으나 윤씨 부인은 "나는 글 읽는 소리가 들리면 기쁘기만 하다"라고 말하곤 했다.

윤씨 부인은 손자들에게 "과거에 급제하고 못하고는 운명이다. 선비는 의당 모든 것이 스스로에게 달려 있을 뿐이다. 과거에 합격하지 못했더라도 참으로 글만 잘 할 수 있으면 부끄러워할 것이 없다. 남자로서 글을 못한다면 그보다 더 부끄러운 일이 없다”고 말하곤 했다. 과거와 출세할 지위에 연연하지 않고 학문에 전념하라는 뜻을 전한 것이다.

이처럼 손자들의 글공부에 마음을 쓰면서도 간혹 손자가 오만방자한 짓을 하는 경우를 보면 곧바로 꾸짖고 금하면서 “행실이 바르지 않고서야 그 글을 어디에 쓸 것인가? 이 애는 소학을 다시 가르쳐야겠구나” 하고 말하곤 했다.

자녀를 엄격하게 가르치고 손자녀를 아껴 자애롭게 가르치는 것은 조부모의 교육법이다. 윤씨 부인의 자녀 교육과 손자녀 교육은 조선 가정 교육의 모범이 되었다.

# 불합격자의 답안지만 뽑아 올려

영조임금과 아들 장헌세자(사도세자) 사이가 껄끄러웠던 것은 잘 알려진 사실이다. 장헌세자는 스스로 부족함도 있었지만 아버지 영조의 괴팍한 성격과 불신을 느끼면서 기를 펴지 못했다. 심리적으로 위축된 장헌세자는 아버지 앞에서는 늘 말을 얼버무릴 수밖에 없었다. 영조는 다른 이들의 험담을 그대로 믿고 아들을 대하다보니 사소한 일도 크게 생각하여 아들을 더 불신하게 되었다. 아버지에게서 불신을 받는다고 느낀 아들은 스스로 고통을 느껴 술에 의존하고 엉뚱한 짓을 저지르기도 했다. 아버지에게 신임을 얻지 못한 자괴감과 무력감으로 그러했던 것이지만, 그 때문에 영조는 더 아들을 불신하게 되었다. 처음에는 사소했던 이러저러한 일들이 점차 관계를 악화시키는 큰일로 비쳐지고 결과적으로 부자 사이가 벌어지게 되었다.

당시 영의정을 지내던 이천보는 부자간 사이가 그래서야 되겠느냐고 영조임금에게 장헌세자(사도세자)를 너그럽게 대해 달라고 건의했다가 사직을 당했다. 그 전 해에 이천보가 60여 차례나 사직하고 싶다고 단자를 올려도 거절하던 영조가 세자를 너그럽게 대하라는 말 한 마디에 이천보를 사직시킨 것이다.

장헌세자가 왕궁을 빠져 나와 몰래 평양으로 놀러갔던 일을 숨기기 위해서 이천보는 자결을 했다. 임금이 물으면 정직하게 대답하지 않을 수 없고 그리하면 장헌세자가 벌 받을 것을 우려했기 때문이다.

장헌세자가 뒤주에 갇혀 굶어 죽도록 한 영조임금이 15년 후 장헌세자의 아들에게 왕위를 잇게 했다. 정조임금은 아버지를 보호하려고 자결한 이천보의 의리를 잊지 않고 그 양아들 문원을 조정에 불러들여 아꼈다. 정조임금은 세종대왕과 마찬가지로 명석하고 글을 좋아하고 인자한 성품을 타고 났다. 장헌세자를 죽이는 데 협조했던 사람들은 정조가 임금이 되는 것을 원하지 않았다. 정조는 외가에서조차 왕위에 올리지 않으려고 음모를 꾸미는 상황에서 암살의 위험 속에서 지내야 했다. 늘 고독하게 살던 정조임금은 마음을 터놓고 믿을 만한 사람이 몇 안 되었다.

정조임금은 문원이 높은 학식은 없지만 큰일을 잘 처리할 줄로 믿고 전라도 경시관으로 보냈다. 경시관이란 지방에 가서 과거 예비시험을 감독하는 시험관이다. 지방에서 예비시험에 해당하는 소과를 보았다.

소과를 보게 하는 경시관이 조정에서 왔지만 언문만 사용하는 무식쟁이 경시관을 보고서 그 지방의 부시관 4명이 문원을 무시했다. 그리고 무식쟁이 경시관이 온 김에 이번 소과를 볼 때 한 몫을 챙기려고 작정했다. 이문원은 기생을 데리고 술만 마시고 모든 일은 부시관에게 맡기고 도무지 모르는 체했다. 과거가 끝난 다음에 비로소 선발된 글 외에 낙선자들의 글 가운데 쓸만한 것 50장만 가져오라고 했다. 이문원은 낙선자의 글에서 뽑은 시험지만 봉인해서 서울 조정으로 보냈다. 부시관들의 극력 반대를 무릅쓰고 강행했다. 부시관들이 먼저 선발한 시험지는 뇌물을 준 자들의 것이라고 생각했던 것이다.

다른 지역의 시험관들이 선발한 시험지보다 이문원이 올린 시험지가 더 우수작인 것을 알고 정조가 기뻐했다. "네가 무슨 방법으로 이같이 공정하게 뽑았느냐?" 하는 물음에 문원이 사실대로 말했다. 임금이 문원의 등을 어루만지면서 "이만하면 명시관이다. 글을 잘하는 사람도 별 수 있는가?" 하면서 정조임금이 매우 좋아했다.

문원은 병조판서를 하다가 정조임금이 재상직을 주자 분수에 넘치는 직책이라면서 굳이 사양하고 받지 않았다. 사람은 자신의 깜냥에 맞는 자리에 있어야 한다고 생각했다. 자신이 판서벼슬도 부담스러운 작은 그릇인데 재상벼슬을 감당할 수 없으며, 그렇게 해서도 안 된다고 판단했다. 자신의 능력과 주제를 잘 알고 처신하는 현명함을 가지고 있었기 때문이다. 판서 그릇도 못되는 자신의 능력을 모르고 재상 자리를 탐내는 사람들에게 큰 교훈이 되었음은 물론이다. 자리에 걸맞지 않는 사람들이 얼마나 큰 잘못을 저지르며 국력을 낭비하는가. 옛날이나 지금이나 다를 바 없다.

# 좁쌀을 세는 꾀

이문원의 어린시절 이야기는 흥미롭기만 하다.

어느 날 아버지 이천보가 입궐하면서 장난을 못하게 할 생각으로 팥 한 말을 아들에게 주면서 "이 팥이 몇 개나 되는지 내가 돌아올 때까지 세어 놓아라" 하고 나갔다. 이문원은 팥은 만져보려고도 않고 장난에만 골몰하였다. "도련님, 팥은 세지 않고 놀기만 하니 대감님이 돌아오시면 어떻게 하시렵니까?" 하고 청지기들이 걱정하니, "꾸중을 들어도 내가 들을 것이니 너희들은 걱정 말아라" 하고 집안이 떠들썩하게 뛰어다니며 놀기만 하였다.

저녁때가 되어 그는 청지기를 불러 모았다. 그리고는 팥 그릇을 그들 앞에 놓고 한 움큼씩 나눠 주면서 "내가 이 팥을 세지 않아서 걱정들 하니 너희들은 요것만 틀림없이 세어다오" 하면서 센 것을 모아놓고 저울을 가져왔다. 그 무게대로 팥을 달아서 곱셈을 해 순식간에 모두 얼마인지 계산해 놓았다. 그리고는 또 어디론가 놀러 나갔다.

저녁때가 되자 이천보가 아들을 불렀다. "팥이 몇 개더냐?" 이문원은 즉시 몇 만 몇 천 개라고 대답했다. "네가 어느 틈에 그 수를 다 세었지?" 그러자 아들은 미소를 띠며 "그것을 어떻게 다 셉니까?" 하고는 그가 팥을 센 방법을 자랑삼아 말하였다. 일국을 흔드는 재상도 그 아들의 슬기에는 달리 대답할 말이 생각나지 않았다.

문원은 글공부는 열심히 하지 않았던 듯 공부가 부족했다. 이천보는 그런 아들을 보면서 "자고로 글이란 행실을 닦기 위한 것인데 남곤*처럼 글이 문장가가 될 만큼 좋아도 행실이 소인이었기 때문에 누구 하나 그 글을 달갑게 여기지 않았다. 우리 아들은 글은 못할만정 훌륭한 사람이 될 것이다"고 믿었다. 양아버지의 깊은 신뢰를 받은 문원은 타고난 대로 공부는 열심히 하지 않고 장난을 부리며 성장했다. 사람은 누군가의 깊은 신뢰 속에서 성장하기 마련이다. 어린 문원은 양아버지의 깊은 속마음을 느끼고 그를 따르며 타고난 대로 구김 없이 성장했다.

*남곤 조선사대의 문신. 기묘사화 당시 예조판서로 있으면서 조광조를 비롯 여러 선비를 모함해 죽였다

# 판관을 설득한 아이

조선 초기의 학자 정탁은 어려서 뛰어난 논리와 글 솜씨, 그리고 여러 상황을 잘 고려하여 이치를 따지는 빼어난 판단력으로 판관을 감동시킨 인물이다.

정탁이 어려서 일찍이 부친이 돌아가고서 집안 형편이 매우 어려웠다. 그 어려운 와중에 어머니가 돌아가시자 어머니를 아버지 묘에 합장하려 하였는데, 그 묘 밑에 집을 짓고 사는 사람이 묘를 쓰지 못하게 저지하였다. 할 수 없이 정탁은 그들을 상대로 관에 가서 소송을 제기하였는데, 어린 정탁이 소송의 이유를 다음과 같이 썼다.

묘가 먼저 있었고 집이 나중이니 경우가 분명하고
남편의 묘에 부인이 따라가니 사리가 당연하다

소송의 이유를 읽어본 판관은 어린 아이가 쓴 글을 보고서 놀랐다. 판관은 정탁의 사리 분명함을 칭찬하였을 뿐 아니라 그 집주인을 불러서 당부까지 하였다.

"너희들은 이 아이의 산소를 잘 지켜주어라. 이 아이는 틀림없이 정승이 될 것이다."

과연 그 말대로 훗날 정탁은 세종 때 우의정을 지냈다. 어린 정탁은 어머니의 죽음이라는 슬프고도 당혹스러운 상황 앞에서 차분히 논리를 따져 판관을 설득하였던 것이다. 어머니의 상을 당해 아버지 곁에 모시려는 것을 막는 울분이 치미는 어려움을 겪었을 경우에 차분하게 이치를 따지는 어린 정탁의 자세가 많은 것을 시사해 준다.

# 상복을 안고 나온 아이

"애들아, 얼른 이리 모여 봐!"

"……"

"애, 응구야, 복인아! 놀라서 집으로 뛴다고 해결되는 일이니? ……애, 거기! 욱아, 명노야! 봉두 형, 제발 이리 좀 와 봐!"

아이들은 엉거주춤 다시 웅덩이 쪽으로 모이기 시작했다.

"야, 모이긴 했다만 어쩌니? 작대기도 없고……"

"섣불리 뛰어들었다가 다 죽어, 인마."

"야야, 네가 불러 모았으니 뭔 말 좀 해 봐!"

아이들의 소란에도 꿈쩍도 하지 않던 석기는 드디어 입을 열었다.

"그만들 두고 얼른 허리띠 풀어, 빨리 해."

강석기가 일곱 살 되던 해, 그는 여러 아이들과 함께 집 뒤 언덕에 올라가서 놀고 있었다. 그때 마침 한 아이가 발을 잘못 디뎌 깊은 구덩이에 떨어지고 말았다. 여러 아이들은 구해낼 생각은 하지 않고 그만 놀라 당황하여 흩어져 버렸다. 강석기는 곧 아이들을 타일러 불러 모은 다음, 여러 아이들의 허리띠를 연결하여 구덩이에 빠진 아이가 그것을 잡고 나오게 하였다.

이 소식을 전해들은 마을 어른들은 어린 강석기를 지혜로운 아이라고 칭찬했다. 높은 물독에 빠져 허우적거리는 아이를 구하지 못해 아이들이 우왕좌왕하고 있는데 돌을 집어 독을 깨서 빠진 아이를 구한 송나라의 재상 사마광에 견줄 만하다고 칭찬하였다.

조선 중기의 학자 강석기가 여덟 살 때 할머니가 돌아가셔서 아버지는 집 옆의 간이 건물에서 영정을 지키고 있었다. 그때 한밤중에 집에 불이 나자 강석기는 홀로 상복을 들고 집을 나갔다.

그가 돌아오자 아버지는 석기의 뜻을 시험해 보려고 말을 돌려 그를 꾸중하였다.

"집안에 귀중한 물건이 많은데 어찌 상복만을 가지고 나왔느냐?"

묵묵히 앉아 있던 그는 이렇게 대답했다.

"상복은 다시 지을 수 없기 때문에 먼저 구해냈습니다."

아버지는 깜짝 놀라하며 기뻐하였다.

강석기는 김장생의 문하생으로 과거에 급제하고 벼슬길에 올라 우의정을 지냈다. 강석기가 딸을 인조의 첫째 며느리로 보냈으니, 그가 바로 비명에 간 소현세자빈이었다.

# 정혼할 여자를 보고 싶은 항복

이항복은 어머니를 16세에 여의고 난 후 형님과 출가한 누님의 그늘에서 성장했다. 항복이 19살에 장군 권율의 딸과 혼사 말이 있었다. 권율은 당대에 행주싸움에서 큰 공을 세우고 대장의 직위에 있었으므로 정승집 자제들을 사위감으로 많이 보았을 것이다. 그렇지만 권율은 그 정승집 자제들을 마다하고 부모 없는 것을 부족하게 여기면서도 이항복을 사위감으로 정했다. 항복의 사람됨을 보고 그 가능성을 믿었던 것이다.

혼인을 한다고 사주단자가 오고 갔다. 이항복은 혼인할 여인을 직접 보아야겠다고 생각했다. 어떤 사람인지 보지도 않고 혼인할 수는 없다고 생각했다. 그래서 누님의 옷으로 여장을 하고 음식 상을 차려 이고 가서는 "박동조 판서댁에서 제사를 잡수시라고 상을 들고 왔습니다"라고 말했다. 앳된 모습과 목소리가 영낙없는 계집 하인이었다. 음식을 덜어놓고 상을 받아 어서 돌아가라는 분부를 듣고 나오면서 일부러 상을 크게 소리 나게 둘러메치고 발목을 접질렀다고 엄살을 떠니, 방안에 있던 색시감이 웬일인가 싶어 나와 보았다. 하인들이 발목을 문지르는 사이에 색시감을 올려다보았다. '이제 여기 온 목적을 달성했구나' 색시감을 본 후에 항복은 발목이 나은 듯 깨진 모판에 그릇을 담아들고서 절뚝거리며 돌아왔다고 한다.

평소에 유머가 풍부했던 항복은 혼인 후에도 부인과 실없는 장난을 자주 하며 재미있게 살았다고 한다.

# 사람의 뜻을 따라야

한 번은 이웃에 사는 사람이 황희를 찾아왔다.

"오늘 저녁이 저의 아버지 제삿날인데 암소가 송아지를 낳았으니 제사를 지내는 것이 좋습니까? 안 지내는 것이 좋습니까?"

황희는 지내는 것이 좋다고 대답해주었다. 얼마 뒤에 또 다른 이웃 사람들이 찾아와 역시 아버지 제삿날에 암소가 새끼를 낳았다고 하면서 제사를 안 지내는 것이 옳은지 지내는 것이 옳은지를 물었다. 이에 황희는 지난번과는 달리 안 지내는 것이 옳다고 대답했다.

황희의 아들이 옆에서 듣고 있다가 같은 물음에 대해 답이 다른 점에 의문을 제기하자 "네 말도 옳다"라고 이야기했다. 아들이 그 이유를 묻자 황희가 대답하기를 "앞사람은 제사를 지내고 싶은 마음이 있어 '제사를 지내는 것이 옳습니까?'라는 말을 먼저 하였기에 지내는 것이 옳다하였고, 뒷사람은 제사를 지내고 싶은 마음이 없어 '안 지내는 것이 옳습니까?'라는 말을 먼저 하였으니 안 지내는 것이 옳다고 하였느니라" 하였

다. 일을 하는 데 있어 각자 자신의 마음가짐과 성의가 가는 대로 하는 것
이 가장 좋다는 것이다. 여기에서 '황희 정승 정치하듯 한다' 는 말이 생
겼다.

위 이야기는 어떤 일을 결정할 때 우유부단함을 보이는 것과 차이가 있
다. 황희가 "너도 옳고, 너(제삼자)도 옳다"라고 한 것은 결정을 내리지
못해서 그러한 것이 아니었다. 그는 원칙과 현실 판단을 별개로 간주했
다. 일을 할 때 사람의 마음가짐이 가장 중요하다 생각했고, 그에 따라 각
자의 의견을 존중해 준 것이다. 암소가 새끼를 낳았지만 부모의 제사를
지내고 싶어 하는 아들과 암소가 새끼를 낳은 것을 빌미로 제사를 지내
고 싶지 않은 아들의 심리를 파악해서 그에 적절하게 답한 것이다. 제삿
밥을 먹으려던 부모의 영혼도 아들의 마음에 따라서 제삿밥의 맛이 다를
것으로 생각한 것이다. 죽은 부모를 위하는 아들의 효심과 강요에 의해
행하는 것과는 구분지어야 할 것이다.

# 시장이 반찬

최영은 어릴 적에 아버지가 "황금 보기를 돌과 같이 하라"는 말씀을 듣고 이 말을 평생 명심해서 탐욕을 경계하곤 했다. 높은 지위에 올라서 위엄이 높았지만 털끝만큼도 남에게서 재물을 취하지 않았다. 정승에 올라서도 집은 작고 초라해 식구들이 겨우 살아갈 정도였다.

당시 재상들은 서로 돌아가며 초대해서 바둑을 두고 맛난 음식을 차려서 대접하는 등 교제생활이 호화롭고 사치스러웠다. 최영은 손님을 초청해 점심때가 지나도 음식을 내오지 않았다. 손님들은 바둑을 두고 환담하다가 배가 고팠지만 차마 밥을 달라고 말하지 못했다. 최영은 아무렇지도 않은 얼굴로 평소와 다름없이 행동하고 이야기하므로 손님들은 속으로만 기다릴 뿐 배가 고프다는 것에 대해서 별 이야기를 하지 못했다. 양반이 체면을 차리려니 어쩔 수 없었다.

이윽고 해가 저물 무렵에야 벼를 찧어서 밥을 짓고 채소반찬을 내왔다. 벼를 찧어서 밥을 하니 햅쌀과 같이 맛이 있는데, 게다가 배가 고프던 손

님들이어서 채소와 밥을 맛있게 다 먹어치웠다. 그리고는 "철성댁 음식
이 매우 맛있다"고 하였다. 최영이 웃으면서 "이도 다 군사를 쓰는 방법"
이라고 말했다. 청빈하게 살면서 동료들과 지내야 하니 찾아온 손님들에
게 맛난 음식을 낼 수 없어 '시장이 반찬' 이라는 작전을 사용한 것이다.

# 정승을 놀리고 오히려 야단쳐

현종 때 이무라는 무관이 있었다. 그는 대대로 문관 벼슬을 하던 집안 사람인데 무기를 좋아해서 무과로 변경해 급제했다. 선전관을 거쳐 방어사(군사 요지에 파견하던 무관 벼슬)가 되었다. 취직하러 가는 길에 평택 어느 주점에 들러서 점심을 하려던 참이었다. 마침 비가 쏟아졌다.

성질이 급한 이무는 갈 길을 가지 못하는 탓에 갑갑증이 났다. 비가 억수같이 쏟아지는데 길을 떠날 수도 없고, 그렇다고 주점에 앉아서 달리 할 일이 없었다. 이무는 무관이라 장기를 즐기는 편이었다. 이왕 이렇게 되었으니 장기나 두겠다고 생각을 하고서 한편에 장기판을 두고서 함께 둘 사람을 찾으니 옆방에 노인 한 사람이 있었다. 그 노인을 불러서 함께 장기를 두게 되었다. 장기를 두다가 이무는 거드름을 피우는 태도로 수염을 손으로 몰아쥐어 훑으면서 노인을 쳐다보며 말을 건넸다.

"장기가 확실히 소일이 되는군. 영감이 감투를 쓰신 것을 보니 벼슬을 하기는 한 모양인데 무슨 벼슬을 하였소? 아마 동지(조선 시대 중추부에 속한 벼슬)겠지. 그 벼슬 구하려고 보리섬이나 허비했겠군."

껄껄대며 웃는 이무에게 노인은 "죄송합니다"라고 대답했다. 자기 말이 들어맞는 듯하자 이무는 더 기고만장해져서 아예 그 노인을 동지라 불렀다.

"동지, 성명이 무엇인고?"

"송시열이라 합니다."

"시열? 무슨 글자인고?"

"때 시, 세찰 열이오."

송시열이라는 말을 들은 이무는 그만 가슴이 철렁 내려앉았다. 우암 대감이 이곳에 행차한다는 소문은 들었지만 그분이 여기에 이렇게 구차스럽게 앉아 있을 줄이야? 연로한 대신을 함부로 놀렸으니 죄를 면할 방도가 없을 것이다. 이 일을 어떻게 하나? 간신히 벼슬 한 자리를 얻었는데, 이제 말 두 마디 실수로 놓치고 말다니…… 이무는 순간 여러 가지 생각에 고민을 하였다.

이무가 갑자기 노인을 향해서 "참 별 늙은이도 다 보겠군. 일국의 유명한 재상과 똑같은 이름을 글자도 틀림없이 부르는 법이 있단 말이야? 우암 선생은 도덕문장이 조선에서는 또 다시 없을 분인데 누가 모르리라고. 응 괘씸하군. 지금 내가 이만 하고 말거니와 당장 이름을 고칠지어다" 하고는 하인에게 어서 떠나자고 서둘렀다. 송시열은 이 거동을 보고서 "참으로 남자다운 기풍이고 영웅다운 기지로다"라고 하고는 조정에 이무를 천거하여 평안병사를 시켰다.

# 남편의 과거 급제를 좋아하지 않아

박필위의 아내는 대사간 김홍복의 딸이었다. 남편 박필위가 과거에 급제했을 때 온 집안이 기뻐하는데 그 아내만은 홀로 기뻐하지 않았다. 시아버지 박태회가 이상하게 여겨서 며느리에게 그 이유를 물었다.

"저는 유가에서 성장한 딸입니다. 일찍이 친정에서 보니 아버지께서 십여 년 동안 글을 외고 읽었는데도 과거에 급제하기가 어려웠습니다. 그런데 저의 낭군은 글 한 줄도 읽지 아니하고 날마다 공차고 집비둘기를 가지고 놀곤 하였습니다. 그런데 갑자기 과거에 급제했다고 하여 큰 이름을 얻으니 재앙을 얻을까 두려워 걱정입니다."

온 집안사람들이 남편의 급제를 기뻐하지 않고 방정을 떤다면서 며느리가 상서롭지 못한 여자라고들 말했다. 얼마 후에 남편이 부정으로 과거에 급제한 바가 발각되어 형벌을 받으니 비로소 그 아내의 선견에 감복하였다.

박필위가 부정으로 급제한 것이 발각된 후에 그 할아버지인 정승 박세

채가 앞장 서서 손자를 제주목사의 관노로 보냈다. 남편의 과거급제에도 기뻐하지 않고 걱정하는 아내, 손자의 잘못을 앞장서서 응징하는 조부는 모두 부정을 저지른 남편이자 손자로 인해 엄청난 고통을 받아야 했다. 그러나 그들이 잘못을 인정하였기 때문에 더 큰 잘못으로 확대되지 않고 떳떳이 마무리될 수 있었다. 잘못을 인정하도록 하는 것은 더 큰 잘못을 저지르지 않게 하는 가르침이다.

# 아비의 잘못을 대신 빌어

조선조 명종 때의 학자 김규는 보기 드문 용기와 당당함, 그리고 효성으로 어려운 상황에서 아버지를 구한 인물이다.

김규가 열세 살 때의 일이다. 나라에 오랜 가뭄이 들었다. 성종 임금은 경회루의 못가에 나아가 비가 오기를 빌며 뜨거운 뙤약볕 아래 앉아 있었다. 그런데 갑자기 어디선가 풍악 소리가 울려 나왔다. 성종은 좌우의 신하들에게 그 까닭을 물었다.

"이게 어인 풍악 소리냐?"

"방주감찰의 집이 이웃에 있는데 오늘이 잔치하는 날입니다."

이 대답에 성종이 크게 화를 내었다.

"하늘이 비를 내리지 않아 온 백성들이 몹시 괴로워하고 있다. 하여 내가 지금 수라상의 음식 가짓수를 줄이고 음악도 걷어치우게 한 채 이렇게 비 오기를 빌고 있는 것이 아니냐. 그러한데, 나랏돈을 받는 사람들이 어떻게 감히 음악을 울리며 즐겁게 논단 말이더냐?"

“……”

“지금 즉시 방주감찰의 집으로 가서 그곳에 모인 자들을 모두 잡아 가두어라.”

임금의 명령에 그 자리에 있었던 열세 명이 한꺼번에 옥에 갇혔다. 이에 그들의 집에서 아들들을 시켜서 임금께 글을 올려 아버지의 석방을 애원하였다. 그러나 성종은 더욱 화를 내었다.

“이게 다 무어냐. 저들이 어처구니없는 죄를 짓고는 또 어린 아들을 시켜 글을 올리게 하여 죄를 모면하기를 애원하니 더욱 밉살스러운 짓이다. 모두 잡아들여라.”

아들들은 어떤 반응을 보였을까? 글을 올려 임금의 화가 누그러지기는커녕 오히려 자신들에게까지 불똥이 튀는 꼴이 되자 효심이 날아가 버리고 말았다. 임금에게 올리는 글에 서명하였던 아들들은 모두 겁을 내어 달아나 흩어졌다. 그런데 어린 김규 혼자 도망가지 않고 잡혀왔다.

“너는 어린아이인데 어찌 혼자 도망가지 않았는가?”

임금이 묻자 김규가 또렷한 목소리로 대답했다.

“제가 아버지를 구하려고 글을 올렸는데 차라리 죄를 받을지언정 어찌 감히 도망을 가겠습니까?”

“그렇다면 이 글을 누가 지었는가?”

“제가 지은 것입니다.”

“쓰기는 누가 썼는가?”

“제가 썼습니다.”

“네 나이 올해 몇 살인고?”

김규의 당당한 태도에 성종은 조금 누그러진 말투로 물었다.

"열세 살입니다."

"네가 글을 짓고 또 또박또박 쓸 수 있는가를 시험해 보겠다. 만약 나를 속였을 때에는 당장 목을 벨 것이니라."

김규는 조금도 흔들리지 않고 이렇게 대답했다.

"짓고 쓰기를 모두 제 손으로 한 것이오니 한번 시험해 보소서."

임금이 '가뭄을 안타깝게 여긴다'는 제목으로 글을 짓게 하였더니, 김규는 그 자리에서 다 짓고 그 끝에 이렇게 덧붙였다.

"옛날 동해에서는 원통하게 죽은 과부 때문에 3년 동안 가뭄을 불러들였고, 은나라 임금 성왕은 천 리에 비를 내리게 하였으니, 임금께서 그런 일들을 생각해 주소서."

임금이 매우 기특하게 여기며 김규에게 물었다.

"네 아비가 누구인가?"

"방주감찰 김세우입니다."

"네 이름은 무엇인가?"

"김규입니다."

"네가 글도 잘 짓고 글씨도 잘 쓰니 너를 보고 네 아비를 석방하노라. 또, 네 글씨를 보아 네 아비의 친구들도 석방하겠노라. 그러니 너는 아비에 대한 효심으로 임금에게도 충성하거라."

성종임금이 신하에게 명하여 의금부 감옥에 갇힌 열세 명을 모두 석방하게 했다. 어린 김규의 당당함과 용기뿐 아니라, 임금이 왜 아버지를 벌주려고 하는지 그 마음을 읽고 아버지의 잘못을 빌었다. 그리고는 임금

에게 중국 고대에 선정을 편 왕을 떠올려서 아버지를 용서하도록 할 정
도로 총명했다. 아들의 효심을 보고 아버지의 잘못을 용서하면서 아들의
가능성을 본 임금의 판단도 훌륭하다. 한 번의 잘못을 용서함으로써 두
부자의 충성을 이끌어 낸 것이다.

# 진정한 용기는 겸손

맹사성이 정승으로 있을 때 친상을 당해 고향으로 내려가는 길이었다. 마침 비가 쏟아져서 원루에 올라 비가 멎기를 기다렸다. 그는 상복차림으로 서서 주의를 둘러보고 있었다.

이때 황의헌이라는 선비가 먼저 원루에 올라가 두 손을 뒷짐 지고 서 있었다. 현판에 씌어 있는 시를 보면서 한참 읊조리다가 오만한 태도로 맹사성을 돌아보면서 말했다.

"영감이 어찌 이런 시의 흥취를 알겠소?"

맹사성은 황의헌을 존경하는 태도로 대답했다.

"아무것도 모르는 늙은 시골뜨기가 어떻게 알겠습니까?"

맹사성은 현판의 시 귀를 가리키면서 물었다.

"이것은 무슨 뜻입니까?"

"이것은 바로 선현들이 눈으로 보고 흥에 겨워 강산의 뛰어난 경치를 읊은 것으로, 아마도 시 가운데 산 그림이 아닌가 하오."

"그렇습니까? 참 좋습니다. 하지만 선생이 아니라면 이런 말을 들어볼 수 있겠습니까?"

얼마 안 되어 서울서 따라온 짐꾼과 하인들이 몰려왔다. 원루 옆에 포장을 치고 맹사성을 모셔갔다. 황의헌이 이제야 이상하게 여기고 하인들에게 물어서 이 사람이 바로 정승 맹사성임을 알게 되었다. 황의헌이 맹사성 앞에 와 엎드려 사죄하니 맹사성이 웃으면서 말했다.

"사람이 귀천에 상관없이 의지가 가장 소중한 것이요. 그대는 사람을 거만하게 대하는 마음이 있었소. 그래서 틀림없이 보통사람이 아닌 줄로 알았는데, 조금 전까지만 해도 그렇게 도도하던 사람이 어찌하여 금시에 이렇게 비굴하단 말이요."

그리고는 그를 끌어당겨 같이 앉아 위로하여 보냈다.

# 방석에 쓰인 아버지 이름 때문에

정순왕후는 영조대왕의 두 번째 왕비이다. 정성왕후가 돌아가고 영조 15년에 왕후를 다시 간택하게 되었다.

어느 날 간택에 뽑힌 처녀들을 차례대로 궁중에 불러들였다. 모두 사대부가의 딸들이었다. 비단방석을 펴 놓고 방석 위에 앉으라고 하는데 한 처녀만 방석 위에 앉지 않았다. 왜 바닥에 앉았느냐고 묻는 말에 처녀는 "황송합니다만 방석에 제 부친의 이름자가 붙어 있으니 방석을 깔고 앉을 수가 없습니다"라고 답했다. 방석에는 각각 처녀들을 구별하기 위해서 부친의 이름이 써 있었던 것이다. 그 방석 위에는 김한구라는 부친의 이름자가 있었다. 이 말을 들은 임금이 예사로 보지 않았다.

"세상에 제일 깊은 것이 무엇인가?"라는 임금의 질문에 바닷물이 제일 깊다, 산이 제일 깊다는 응답이 많았지만 이 처녀는 사람의 마음이 깊다고 했다. 그 이유를 물었더니 바다나 산이나 깊어도 그 깊이를 측정할 수 있지만 사람의 마음은 측정할 수 없다고 했다.

"꽃 중에는 무슨 꽃이 제일인가?"를 묻는 질문에는 복숭아꽃, 모란꽃, 무궁화꽃 등이 나왔다. 처녀는 "목화꽃이라고 생각합니다. 모든 사람을 입혀서 덥게 해주고 꽃으로 보아도 세 번을 봅니다"라고 응답했다. "처음에 면화꽃이 피고, 다래가 열리면 달래달래 달린 것이 꽃만 못하지 않고 가을에 다래가 피면 백설 같은 목화송이가 탐스러워 꽃보다 더 좋습니다"라고 말했다.

임금이 "월랑(행랑)의 기왓골이 몇 개인가?"라고 물었다. 다른 처녀들이 손가락으로 "하나, 두울, 세엣" 하고 세고 있을 때 처녀는 고개를 숙이고 있다가 응답했다. 임금이 다시 "세지 않고 어찌 아는가?"라고 물었다. 처녀는 "월랑 처마 밑에 낙숫물 떨어진 자리를 세어보았습니다" 하고 응답했다.

임금이 여러 가지 질문에 응답하는 이 처녀가 국모가 될 만한 인격이 있음을 보고서 간택하여 왕후를 삼았다. 그때 왕후의 나이 15세였다.

# 은잔 퍼 술 마신 신하

하루는 성종이 중국에 보낼 국서를 짓게 하려고 손순효를 불러 들였다. 손순효는 그날도 술이 거나하게 취해서 임금 앞에 나왔다. 성종이 노여운 목소리로 "내가 경에게 취하지 말라고 말했거늘 어찌하여 그리 많이 취했느냐?"면서 나무랐다. 그리고 다른 학자를 불러들이라고 하니 손순효가 이마를 조아리면서 말했다.

"오늘은 신의 딸이 시집을 가는 날이어서 여러 사람들이 권해서 과음하였습니다. 글을 짓게 하시려면 다른 이를 부를 것 없이 저를 시키십시오."

성종이 순효에게 붓과 먹을 주었다. 순효는 잠시 정신을 가다듬었다. 그리고 별로 생각할 것도 없이 붓에 먹을 찍어서 써 내리니 순식간에 자문이 완성되었다. 한 자 한 획도 틀림없는 명문이었다.

성종 임금이 "경은 취한 정신이 맑은 정신보다 낫구료. 그러나 술이란 많이 먹으면 못쓰는 것이오." 하고는 은잔을 하사하면서 "오늘부터 이 잔으로 하루에 한 잔씩만 술을 마셔야 하오."라고 명했다.

은잔을 가지고 나온 손순효는 은근히 걱정이 되었다. 그 은잔은 작아서 그것으로는 도저히 주량이 찰 것 같지 않았기 때문이다. 손순효는 어명을 거스리지 않고 술을 먹을 꾀를 생각해 냈다. 은장인을 불러서 술잔을 얇게 펴서 주발처럼 만들게 했다. 은장인은 은잔의 두꺼운 벽을 펴서 주발보다 큰 그릇을 만들었다. 손순효는 마음 놓고 그 그릇에 술을 담아 마시곤 했다.

손순효를 극진히 아끼던 성종은 일이 있을 때마다 그를 불러 들였다. 그날도 술이 거나해서 대궐에 들어갔다. 성종이 보니 자신이 하사한 잔으로 마셨다면 그리 취하지 않았을 것이고, 손순효가 어명을 어길 사람도 아니고 해서 이 사정을 궁금히 여겼다.

"내가 경에게 은잔을 주고 하루에 한 잔만 마시도록 했는데 어인 일로 이처럼 많이 취했는가?"

"분부대로 한 잔씩만 마셨습니다."

"그렇다면 그 술잔을 내놓아 보게나."

손순효가 술잔을 소매 속에서 꺼내어 보였다. 술잔이 대접보다도 더 컸다. 임금이 "내가 그대에게 준 그 잔인가?" 하고 물으니 비로소 손순효가 "황공하오나 상감마마께서 주신 술잔으로는 부족해서 제가 은장인에게 크게 만들어달라고 부탁했습니다"라고 했다. 이 말을 듣고 성종이 껄껄 웃으면서 "나의 소견이 좁은 것도 경이 간하여 이처럼 크게 만들어 주오"라고 말했다.

# 임금과 신하 사이의 믿음과 충성

　성종이 30세가 넘어서 그 아들 연산군을 세자로 정했다. 예전에는 부모의 연세가 40세가 되면 수의를 마련하라고 책에 씌어 있을 만큼 수명이 짧았다. 임금이 30세가 되도록 세자를 책봉하지 않았다는 것은 서자인 연산이 임금으로서 자질이 높지 않다고 여기고 행여 다른 아들이 출생할지를 가늠해 보려는 신중한 처사였을 것이다. 성종이 30세가 넘어서야 대안이 없다고 생각하고 연산을 세자로 책봉했다. 그런지 며칠 후에 임금과 여러 신하들이 함께 즐겁게 술잔을 들고 마시는데 손순효가 성종에게 여쭐 말씀이 있노라고 했다. 임금이 무슨 말이냐고 물으니 그는 서슴치 않고 용상 앞으로 가서 용상을 어루만지면서 “이 자리가 아깝소이다”라고 말했다. 세자로 봉한 연산군이 임금으로서의 기질이 부족해 장차 이 자리에 앉히기에는 자리가 아깝다는 뜻이었다.

　성종은 그 말을 듣고서 분노하거나 부정하지 않고 고개를 끄덕여 수긍해 보이면서 “그러나 어쩔 수 없는 노릇이 아니오!”라고 탄식했다. 임금

과 신하 사이에 이러한 대화가 있을 수 있는가가 의아할 정도로 신의를
바탕으로 한 마음 속 대화이다. 그 대화를 다른 신하들은 듣지 못했으나
손순효가 한 행동이 문제가 되었다. 신하들은 벌 떼처럼 "손순효가 감히
임금 앞으로 가서 용상을 어루만지면서 남들이 듣지 못할 말로 임금을
농락했으니 그를 벌주십시오"라고 청했다. 성종은 시침을 뚝 떼고서 "내
가 경들의 말을 잘 듣지 않고 여색을 가까이 한다고 충간했던 것이오. 나
의 허물을 드러내지 않으려고 가까이 와서 한 말이니 무슨 죄겠소?"라고
하며 손순효를 두둔했다. 성종이 손순효를 이처럼 아끼고 사랑했으니 그
임금과 신하 사이의 믿음과 충성이 어떠했는지를 미루어 알 수 있다.

그 후에도 손순효는 임금에게 온 마음으로 충성하다가 성종이 죽은 후
에는 벼슬을 버리고 산림 속에 묻혀 지냈다. 매일 성종이 마음 속 깊이 자
신을 신뢰하고 아끼던 그 은혜를 생각하면서 술을 마시곤 하다가 생을
마쳤다.

# 눈 먼 처녀에게 혼약을 지켜

　예전에는 집안끼리 어린 자녀를 두고 약혼을 했다. 아들, 딸이 예닐곱 살에도 약혼을 하고 심지어는 배 속에 든 아기도 아들, 딸이면 혼인하자고 언약을 했다.

　판서 박서도 아주 어릴 적에 아버지끼리 혼인 말이 있다가 약혼을 했다. 들리는 말에 혼례를 올리기 전에 처녀가 흉한 병에 걸려서 두 눈이 멀었다고 했다. 박서의 형은 눈이 먼 아내가 어떻게 살림을 할 것인지를 걱정했다. 틀림없이 그 눈먼 아내 때문에 동생이 불행하게 될 것을 걱정했던 것이다.

　원래 가문끼리 약혼을 했을 경우에 웬만해서 파혼은 하지 않는다. 언약을 지키지 않는 것은 선비의 도리가 아니기 때문이다. 그런데도 형은 가문의 약속 때문에 억지로 결혼해서 박서가 불행한 삶을 사는 것보다는 파혼을 하고 다른 집안의 처녀를 구해 결혼하는 것이 낫다고 생각했다.

　형이 그렇게 말했더니 박서가 "눈이 먼 것은 운명이요, 그 처녀의 죄가 아닙니다. 눈먼 아내와는 함께 살 수 있으나 신의가 없는 사람과는 살 수 없습니다. 신의가 없으면 사람 노릇을 못하는 것입니다. 그러니 이 혼인을 변경할 수 없습니다."라고 말했다. 워낙 선비의 도리를 말하니 형도 안타까운 심정에 말은 했지만 어쩔 수 없었다.

드디어 혼인날이 되었다. 혼례식을 올리고 혼례복에 가려진 신부가 눈이 멀었겠거니 생각했다. 신의가 중요하다고 생각한 박서는 처녀가 눈이 안 보여 불편한 생활을 하려니 하고 많은 것을 포기하고 있었다. 그런데 첫날밤을 지내고 보니 그 신부는 눈이 초랑초랑하였다. 신부는 장님이 아니었다. 박서의 놀람과 기쁨은 어떠했을까?

신부 집과 원수 사이인 집안에서 이 혼인을 깨려고 일부러 나쁜 소문을 퍼뜨렸던 것이다. 신부가 눈이 멀었다고 하면 신랑 집에서 혼인을 하지 않을 것이고, 그러면 이미 사주단자를 받은 신부는 다시는 혼인을 하지 못할 것이었다. 그 집안은 시집 못 간 딸 때문에 한평생 부끄러움과 고통을 느낄 것을 기대했던 것이다.

# 사람의 생명보다 더 귀한 것은 없어

영조 때 무과에 급제하여 선전관이 된 유진항은 임진왜란 때 큰 공을 세우고 충무공의 뒤를 이어서 수군통제사를 지낸 사람이다.

어느 해에 흉년이 들어 전국에서 굶주려 죽는 이가 많았다. 영조가 전국에 금주령을 내렸다. 백성들이 밥해 먹을 쌀이 부족한데 그 쌀로 술을 빚어 마시고 취해 흥을 돋우는 것을 금했던 것이다. 그리고 임금의 왕실 조상 제사에도 술 대신 감주를 사용하도록 하였다. 금주령을 어긴 사람은 사형에 처하겠다고 엄명을 내렸다. 실제로 술을 마신 관리 윤구연을 사형에 처했을 정도로 임금의 조처가 엄했다.

임금이 유진항을 불러서 대궐에 들어갔다.

"동촌 이화동에 밀주를 만들어 파는 집이 있다는데 그 범인의 목을 베거라. 삼 일이 지나도 범인을 찾지 못하면 유 선전관의 목을 베겠다."

임금이 유진항에게 어명과 함께 검을 내렸다. 유진항은 전에 알던 기생 추월을 찾아갔다. 그 집에서 하룻밤을 지내고 돈을 두둑이 주어 기생의 환심을 산 다음에 하루를 더 묵게 되었는데, 갑자기 밤에 배가 아프다고 아우성을 치면서 술을 먹어야 이 병이 낫는다고 법석을 떨었다. 기생은 할 수 없이 술병을 가지고 몰래 술을 빚어 파는 집으로 갔다. 이 눈치를 채고 유진항이 추월의 뒤를 따라 들어갔다. 집안에서는 15세 가량 된 소년이 앉아서 『맹자』를 읽고 있었다.

임금의 엄명으로 밀주 파는 것을 금하고 있는데 이러한 일이 있으니 목을 베어 임금께 바쳐야겠다고 호령했다. 추상 같은 선전관의 호령을 듣고서 소년이 말했다.

"여러 해 전에 부친이 돌아가시고 가계가 곤궁하여 이 추운 날씨에 늙은 어머니가 냉방에서 떨고 계셔서 어린 아내와 의논해 밀주를 팔았습니다."

어린 아내는 아내대로 남편은 모르는 일이고 자신이 한 일이라고 말했고, 노모도 노모대로 이 늙은이가 추위와 배고픔을 견디지 못해서 한 일이니 어린 아들과 며느리는 모르는 일이라고 말했다. 유진항이 세 식구가 하는 말을 들어보니 한 사람을 죽이면 나머지 두 식구가 살 수 없을 듯했다.

선전관은 세 사람의 목숨을 뺏는 것보다는 자기 목숨을 내놓는 것이 낫겠다고 생각했다. 임금에게 나아가 밀주 만든 사람을 찾지 못했다고 보고했다. 임금이 격노했지만 그를 죽이지는 못하고 제주로 유배를 보냈다.

제주에서 3년 동안 유배생활을 한 후 고향에 돌아와서 10년이나 백수로 지내다 보니 살림살이가 몹시 어려웠다. 10년 이상 빈손으로 살다보니 빚도 늘어났다.

그 후에 유진항이 현감으로 고을에 부임했다. 빚을 갚으라는 독촉은 끝이 없었고, 월급으로는 그 빚을 갚기 어려웠다. 빚을 갚으려고 민폐를 끼치게 되어 그 지방에서 탐관오리로 소문이 났다.

어느 날 이 소문을 듣고 암행어사가 고을에 나타났다. 현감은 어사를 보고 겁이 났다. 어사는 젊은 선비인데 그 근엄한 모습이 어디선가 본 듯한 얼굴이었다. 그 얼굴은 이화동 밀주사건 때 살려준 소년이었다. 유진항이 그를 보고 자신을 밝히자 어사가 그를 보고 "은혜를 갚지 못해서 늘 마음의 빚을 져 왔다"고 말했다.

어사가 임금에게 두 사람 사이에 있었던 사정의 전말을 말씀드렸다. 그리고 유진항의 잘못을 용서해 달라고 빌었다. 임금이 이를 가상히 여겨서 유진항을 용서하고 승진시켰다.

# 땅 사려는 자식을 혼내

조현명이 정승으로 있을 때 부인이 죽어서 여러 곳에서 부의를 보내 그 물품이 매우 많았다. 장사를 마치고 나니 부의를 받았던 사람이 틈을 내서 말하였다. "부의로 들어온 물건으로 돈을 만들어 토지를 사면 어떻겠습니까?" 하니 조현명이 말하기를 "큰아들에게 물어보았느냐?" 하였다.

그 사람이 큰아들에게 의향을 묻고 와서 "큰 상주가 그리하면 좋겠다고 합니다" 하고 말했다. 조현명은 대답을 하지 않고 술을 두어 말 마시고 얼큰해지자 여러 아들을 앞에 불러놓고 소리질렀다. "못난 것들아. 너희들이 부의로 들어온 재물을 가지고 토지를 사려고 하니 부모의 상을 이익으로 아는 것이다. 그리고 내가 정승이 되었는데, 토지를 사지 않으면 굶어 죽기라도 할 것 같아 걱정이냐?" 하고 아들을 매우 치면서 "내가 죽고 나면 제사 지낼 사람도 없겠구나"라고 한탄했다. 그리고 다음 날 부의로 들어온 재물을 모두 가난한 일가 사람들과 친구들에게 나누어 주었다.

남을 위하는 방법

하루는 이항복이 새옷을 입고 나갔다가 헌옷으로 바꿔 입고 들어왔다. 어머니가 어찌된 일인지를 물었더니 이항복이 대답했다.

"어떤 아이가 너무 부러워해서 벗어주었습니다."

어머니가 그 말을 듣고서 잘했다고 말하지 않았다. 신중하고 현명한 어머니는 아들이 희떱게 과시하고 생색내는 것을 우려했다.

"사람은 자기 처지를 알고 그에 맞추어 살아야 한다. 남이 새옷을 입을 때마다 부러워서 벗어내라고 하면 그도 바른 일이 아니다. 너는 옷을 벗어주고서 우쭐하는 생각을 했을 것이다. 그도 바른 생각이 아니다. 오늘은 네가 새옷을 입었지만 내일은 그애가 새옷을 입을 것이다. 내일 그애에게 새옷을 벗어달라고 하면 그도 잘하는 일이 아니다. 그리고 그애가 다른 사람에게도 옷을 벗어달라고 해서 남들이 거절하면 그애가 어떻게 생각하겠는가?"

이항복은 아홉 살에 부친을 여의었다. 어머니 최씨는 아버지 없이 아들을 키우는데 버릇 없이 자라지 않도록 엄격하게 교육했다. 이항복은 어렸을 때부터 성격이 호방하여 동네 개구쟁이로 소문나 있었다. 항복의 어머니는 자유분방한 성격으로 학문에 마음을 못 붙이는 아들을 독려해 공부에 전념하도록 하였다. 그리고 항복이 도덕적 수양과 경제적 근검절약을 하는 정신과 위기에 대처하는 능력을 키워주었다.

하루는 이항복이 대장간에서 버린 쇳조각을 주워 모아 집에 와서 뜰에 던져 버리는 것을 본 어머니가 아들을 타일렀다.

"쇠는 귀한 물건이다. 이렇게 작은 것이라도 송곳 같은 것을 만들 수 있으며, 탄환을 만들면 나라를 위해서 크게 쓸모 있는 것이니 버리지 말아야 한다."

이후 항복은 대장간 근방에서 버린 쇳조각을 계속 모아서 3년 만에 큰 독을 세 개나 채웠다.

어느 날 술과 도박이 심했던 대장장이가 밑천을 모두 날리고 불쌍하게 되었으니 독에 쌓인 쇳조각을 돌려주는 것이 어떤지를 어머니께 여쭈었다. 그렇지 않아도 그 쇳조각을 어떻게 처리할 것인지가 고민스럽던 어머니가 흔쾌히 승낙하였다. 대장장이는 감격해서 술을 끊고 열심히 일했으며 이항복을 존경하게 되었다. 훗날 이항복이 북청으로 귀양을 갈 때 대장장이는 이항복이 무사할 수 있도록 극진히 호위를 했다.

# 의절한 노장 고경명

국가의 위기에서 목숨을 바친 의병장 고경명과 그 아들들의 의절은 참으로 높이 살 만하다. 고경명은 평소에는 글을 읽고 지내는 선비였다. 초기에 과거에 급제해 관직에 있었으나 뻣뻣하다는 이유로 주위에서 여러 말을 하자 벼슬을 그만두고 고향에 돌아와 글을 읽고 산촌에 묻혀 살았다.

국가 위기를 맞았다는 소식에 병들고 늙은 몸을 이끌고 의병장이 되었다. 얼마나 마음이 급했던지 말을 탄 채 글을 지어 선비들과 백성들에게 그 절박한 상황을 알려서 의병대에 자원하게 했다. 「마상격문馬上檄文」이라는 그 글이 몹시 격렬하고도 간절하여 선비들과 백성들이 서로 전해 가며 외웠다고 전한다.

"요새 나라 운수가 중도에 비색하여 섬 오랑캐가 밖에서 개떼 덤비듯 한다. 처음에는 역적 양이 맹약 어기듯 약속을 어기더니, 마침내 춘추시대 오나라가 주나라를 갉아먹던 짓을 함부로 한다. 우리에게 방비가 없음을 틈타 허술한 데를 찔러 하늘을 속일 수 있다 하여 제멋대로 온다. 우리나라의 병사 수사 군인들은 갈림길에서 서성거리고 고을 맡은 수령들은 산골로 도망해 숨는다. 도둑놈들을 임금이나 부모에게로 보내는 것이 어찌 차마 할 일이며 임금에게 나라의 존망을 근심하게 하니 어찌 너희 마음인들 편하겠는가? 어찌하여 100년 동안 길러 놓은 민생들로서 일찍이 단 한 사람도 의기 있는 남자가 없단 말인가?"

이 격문을 보고서 경기이남 지역의 선비들이 수천 명 모여 들었다. 이들이 진을 이루어 금산 전투에 나가 일본군과 장렬히 싸웠다. 금산 전투에서 고경명의 맏아들 고종후, 둘째 아들 고인후도 아버지와 함께 싸웠다. 고경명과 고인후가 그 전투에서 죽었다. 마침 말 뒤에 넘어졌던 고종후는 살아남은 것을 원통하게 여겼다. 이들의 시체를 40여 일이 지난 후 찾아서 염을 했는데 더위와 비를 맞았음에도 불구하고 그 얼굴이 살아있는 듯했고, 장사를 지낸 후 바람과 눈이 뒤섞여 일어나고 긴 무지개가 열사의 무덤을 지키는 듯했다. 10월이었는데 남쪽 지역에 눈보라가 났다는 것은 하늘이 감동한 것이리라.

고종후가 다시 아버지와 동생의 원수를 갚겠다고 의병을 모았다. 말을 모으러 사람을 제주에 보내면서 지어준 격문은 시와 같이 사람들을 감동시켰다. 고종후도 아버지와 마찬가지로 과거에 급제했고 글을 잘하여 그 아버지의 풍도*를 닮았다고 전한다.

"바다(제주도) 속에서 옷을 떨치고 일어날 사람이 있을 것을 나는 안다. 채찍을 들고 서서 천하에 말馬이 없다고 하지 마라."

이 말을 경구로 삼아 사람들이 돌려가며 외었다.

*풍도 풍채와 태도

고종후가 진주 전투에 참가했을 때 김천일 장군이 전투 중에 고경명 삼부자가 모두 죽는 것을 안타깝게 여겨 성 밖으로 나가라고 권했다. 고씨 가문에 남자가 모두 없어지는 것을 우려한 것이다. 고종후는 그 말을 듣지 않고 끝까지 장렬하게 싸우다 죽었다.

고경명 삼부자는 무신도 아니고 그렇다고 평소 벼슬을 지내던 사람도 아닌 선비였다. 과거에 급제했고 벼슬길에 들어섰으나 승진에 금전이 오가고 연고가 끼는 것을 보고서 부자가 돌아와 향리에 묻혀 지내던 가문이었다. 한 가문의 삼부자가 의병을 일으켜 자진해 싸워서 모두 전사한 경우는 그 유례가 없었다. 왜군의 침략에 맞서 싸우는 데 있어 군인인지 무인인지 일반 백성인지는 아무런 문제가 되지 않았다. 모두 왜적을 물리친다는 일념으로 싸웠던 것이다.

조정에서 왜군의 침략을 준비해야 한다는 데에 반대를 일삼으며 말만 많던 대신들은 막상 전쟁이 나자 난을 피하기에 급급해 서울이 무너질 때 그들의 얼굴을 볼 수 없었다. 이들은 스스로 무관이 아니라 문관이라고 말하면서 목숨을 보전했다. 죽음을 무릅쓰고 국토를 지킨 사람들은 조정과 아무런 상관이 없던 사람들이었다. 전장에서는 목숨을 보전하려고 애썼던 그들이 전쟁이 끝나자 서로 승전의 공을 나누느라고 분주했다. 임진왜란 후에 정승이 자주 교체되어 불과 얼마 안 되는 기간 동안에 전임 정승이 10여 명이나 되었다. 게다가 임진왜란에 공을 세운 신하들을 공신이라고 해서 상을 주었는데 대신의 절반이 공신이 되어 상을 받았다.

이 일을 두고서 집에 놀러 온 이호민을 이항복이 놀렸다. "그대는 어디

갔다가 정승을 못했소.” 이 말을 듣고서 이호민이 이항복을 놀리기를 “그대는 어디 갔다가 공신이 못되었소.” 하고 말했다. 이항복이 공신에서 제외되었던 것을 꼬집은 것이다. 사람들이 이 말을 전해 듣고서 모두 웃었다고 한다.

어느 시대 어느 사회에서든 기회주의자들은 있기 마련이다. 국가가 위기에 닥쳤을 때 그들은 몸을 사리지만, 상을 받을 때에는 가장 분주하게 움직이기 마련이다. 당대 공신들의 기록이 아니라 역사의 평가가 필요한 이유도 이 때문이다.

# 남편과의 약속

척화파의 거두였던 김상헌은 병자호란 때 심양에 붙잡혀 가서 온갖 심문을 받았으나 끝내 굽히지 않았다. 3년 동안 가둬 두었으나 그 마음이 변하지 않으므로 청나라 조정에서도 그 충성심에 감동해 조국으로 돌려보냈다. 당시 청의 침략을 받고서도 친청파에 속했던 대신들은 평안히 지낸 데 비해서 침략국에 대항했던 김상헌은 그처럼 온갖 고초를 겪어야 했다.

김상헌의 손자 김수항은 과거에 장원 급제하고 벼슬길에 올라 우의정, 영의정 등을 지냈지만 당파 싸움에 휘말려 진도로 귀양을 갔다. 진도에 여섯 아들을 데리고 부인 안정 나씨가 따라갔다. 김수항은 진도에서 사약을 받을 때 자신의 죽음을 나씨 부인이 감당할 수 없을 것임을 알았다. 김수항은 진심을 다해서 아내에게 살아남아서 자녀들을 돌보라고 말했다. 행여 남편의 뒤를 이어 죽음을 택할 것을 걱정했기 때문이다. 말로는 충분하지 못한 듯 김수항은 종이에다가 글을 써서 이별을 고했다.

“여러 아이들을 온전히 키우지 못하면 지하에서 만나지 맙시다.”

나씨 부인은 가슴을 치고 이마를 조아리면서도 그 유서를 받아야 했다고 아들 김창흡이 회고했다.

김수항이 사약을 받아 죽은 그날 저녁에 마구간에 묶여 있던 말이 요란스레 날뛰어 멀리 떨어져 있는 이웃집에서도 말 우는 소리가 들렸다고 한다. 하늘에서도 큰바람이 불어서 대문을 열어젖히고 시커먼 구름이 앞을 가렸다고 전한다. 김수항이 사약을 받고 죽은 그 모습을 보면서 가족이 당한 혹독한 고통은 그 어디에도 비교할 수 없을 것이다.

입관한 널 옆에서 나씨 부인은 여섯 아들들과 머리를 숙인 채 울고 있었다. 그러다가 갑자기 울음을 그치고 아이들에게 말했다.

“여기가 어딘가? 서울에 있었으면 우리가 온갖 고난을 당해도 흉측한 그들의 기세당당한 모습을 어떻게 할 수 없었을 것이다. 멀리 떨어진 이곳에서 평안하고 순조롭게 죽음을 받아들였으니 이보다 더 떳떳할 수 있는가? 나와 너희들은 아버지의 유언을 받들어 모두 죽지 말고 살아서 아버지를 선산으로 모셔 장례를 지내는 데에 힘쓰자.”

아들들이 어머니를 위로할 방법이 없어서 난처해했는데 어머니가 스스로 추스르고 나서서 합당한 말을 하니 아들들이 안도했다. 어린 아들들과 어머니가 아버지의 원혼과 시신을 거두어 육지로 나왔다. 이들이 수레에 관을 싣고 산길을 숨어 다니면서 겪을 고초를 어떻게 알 수 있겠는가.

허술한 상여와 흔들리는 손수레를 끌며 운구를 했다. 여러 날 운구해온 길이 절반도 되지 않았는데 임금의 분노가 숙어지지 않고 옆에서 음모를 꾸미는 일들이 날로 심각하여 북쪽으로 올라올수록 들려오는 이야기가 더 흉흉했다. 집안의 재산을 몰수하겠다든가 여러 아들들에게도 벌을 주겠다든가 하는 소문도 있었다. 선산에 모실 수 없다고도 했다. 그래서 양산에 모셨다가 얼마 후에 김화로, 더 있다가는 응암으로, 모두 세 번이나 이장을 하지 않으면 안 되었다. 관은 외딴 골짜기에 황량한 바람 부는 곳에 모셨는데 그곳도 안심할 곳이 못 되었기 때문이다.

나씨 부인은 꼿꼿하게 일을 진행하였다. 정성을 다해 남편의 영에 제수를 바치고 자녀들의 건강을 유지해 갈 음식을 차렸다. 조금도 부족함이 없이 일을 하면서도 날마다 억울하고 답답한 일을 하소연하면서 푸른 하늘만 바라보았다.

남편의 시신을 수레에 싣고 어린 아들들을 앞세우고 바람 부는 골짜기를 다녔을 때 그 어머니의 심정이 어떠했을 것인가. 그 절망 속에서 어머니의 비창한 모습과 고생을 지켜보면서 강한 의지가 형성된 아들들은 성공했다. 여섯 아들들은 모두 훌륭한 문장가로 성장해 문명을 날렸다. 김창집은 영의정, 김창협은 예조판서와 대제학, 김창흡은 대문장가, 김창업, 김창집과 김창립은 문장가로서 유명했다. 육형제는 모두 대단한 학자이자 문장가로서 육창六昌으로 불리웠다.

16세에 시집와서 60세에 남편을 잃고 그 후 십오 년 동안 아들들이 과거에 급제하고 승진을 하고 문명을 떨치는 것이 나씨부인에게는 기쁜 일이었을 것이지만, 그러한 고초를 겪은 터여서 나씨 부인의 심정은 보통 여인네들 같지 않았다. 영화와 복록이 모아질 때마다 당장 기뻐하지 않고 얼굴에 근심스러운 모습을 보였으며 끊임없이 승진하게 되어 가장 높은 정승의 지위에 오르자 살얼음 밟듯이 두려워하고 걱정스럽게만 여겼다. 남편을 통해 출세와 권세의 그늘을 알고 있었기 때문이다.

여섯 아들의 성공에도 불구하고 하루하루를 늘 조심스럽게 살아오던 나씨 부인이 74세에 세상을 뜰 때 가슴 속에 품고 있었던 것은 남편이 죽기 전에 써 준 편지였다.

"여러 아이들을 온전히 키우지 못하면 지하에서 만나지 맙시다."

온갖 고초를 겪으면서 여섯 아들들을 채근하여 가르치고 성공시킨 어머니는 죽어 남편의 유언을 지켰노라고 떳떳이 말하기 위해 인고의 세월을 살았던 것이다.

# 사제지간의 의리

　늙수구레한 손님이 집안으로 들어오고, 이항복이 벌떡 일어나 허리 굽혀 인사하는 동안 정승의 집에는 작은 술렁거림이 있었다.

　"아이구, 선생님 아니십니까?"

　"그렇소. 금새 알아보는구려. 이 정승 반갑소."

　"선생님, 왜 이러십니까? 말씀 낮추십시오."

　"아니오. 그래도 오랜 세월 못 보았는데……"

　"아닙니다, 선생님. 제가 다 민망합니다. 이리 멀리까지 살펴서 와주시니 정말이지 몸둘 바를 모르겠습니다. 어디 불편한 데는 없으신지요."

　"다 괜찮네. 자네 궁금하여 다른 길 가는 중에 들렀네."

　"네, 잘 오셨습니다. 선생님 안색이 편안해 보이니 저도 참 말할 수 없이 기쁩니다. 여봐라, 여기 상 좀 특별히 잘 보아 내오거라."

　정승이 '선생님'이라 부르는 저 사람은 과연 누굴까? 얼마나 직책이 높은 분일까? 무슨 볼 일로 이곳까지 온 것일까? 주위 사람들은 이렇게 저렇게 추측해 보았다.

조선조의 학자 오성 이항복이 정승으로 있을 적 일이었다. 그는 어떤 고관이 오더라도 다 앉아서 맞이하고, 앉아서 절을 받았다. 정승이라는 직위에 적합한 행동이었다. 그런데 하루는 신씨 성을 가진 선비가 대문 밖에 이르자 이항복은 급히 뛰어나가 공손하게 맞아들였다. 그리고는 매우 정중하게 접대하였다. 이 광경을 보고 있던 사람들이 모두 이상하게 여겨 그 사람이 누구인가 물어보았다. 이항복은 웃으며 "어렸을 적 내게 글을 가르쳐준 분이다" 하였다.

"이 정승의 뜻입니다. 받아주십시오."

"됐네. 그 마음만은 잘 알겠노라 전하게."

"이러시면 제 입장이 난처합니다요, 어르신."

"정 그러하다면 쌀 몇 말만 받겠네. 그것으로 노자는 충분하니까."

"어르신……"

"고맙게 잘 쓰겠다고 전하게."

이항복의 집에서 일을 보는 사람이 선비의 숙소로 찾아가서 인사하고 여비에 보태어 쓰라고 베 10여 필과 쌀 몇 가마니를 주었다. 그러나 선비는 다만 쌀 몇 말만 받을 뿐 나머지는 받지 않고 돌려주었다.

수십 년 전 가르쳤던 선생을 잊지 않고 예를 다 하는 정승의 모습. 권력 관계나 이익 관계를 떠나 옛 스승을 높이고 그 은혜를 잊지 않는 정승 이항복의 사람됨, 그리고 옛 제자의 정성 앞에서도 과한 욕심을 부리지 않는다는 군자의 도리를 생각하는 선비의 사람됨이 선연하게 드러난다.

# 인평대군의 배려

"이게 웬일이냐?"

"전하…… 부디 용서하십시오."

"이게 어찌된 일이냐고 묻지 않느냐?"

"조심해서 들고 간다고 들었으나 발밑의 돌을 보지 못하였습니다."

"어허, 저 귀한 것을……"

"전하, 어떠한 벌도 달게 받겠습니다. 살려만 주십시오."

이 광경을 지켜보던 인평대군이 조용히 나섰다.

"모두 제 잘못입니다. 저 사람이 옥 벼루를 들고 오는데, 하도 아름답고 귀해 보여서 제 거처 앞에 다 내려놓기도 전에 먼저 말을 걸었습니다. 그 바람에 저 사람의 주의가 흐트러진 것입니다."

"……."

"부디 저를 벌하십시오."

"되었다, 벌은 무슨 벌이냐. 네가 받을 것을 너의 부주의로 못 받게 된 것이다. 모두 물러가라.”

임금이 옥으로 만든 벼루를 인평대군에게 내렸는데, 심부름하는 사람이 잘못하여 벼루를 놓쳐서 그만 떨어져 깨졌다. 대군은 그 잘못을 자기가 대신하여 그 사람을 곤경에서 구해주었다. 묵묵히 인평대군을 굽어보던 인조는 조용히 명하고 가던 길을 재촉했다.

# 노복도 하나님의 백성

황희는 국사를 처결할 때도 될 수 있는 한 관대하려고 힘썼고, 집에 있을 적에는 그저 담담하여 손자나 어린 종들이 곁에 몰려들어 울고 장난을 쳐도 일체 나무라지 않았다. 혹 턱수염을 잡아당기거나 뺨을 때려도 내버려두었다.

하루는 관원들과 일을 의논하다가 막 붓에 먹을 찍어 공문을 작성하려는데 어린 종 하나가 종이에 오줌을 누었다. 다른 사람 같으면 그 자리에서 바로 화를 낼 만도 한데, 황희는 화난 표정 없이 손을 물에 씻을 뿐이었다.

이석형이 장원 급제하여 벼슬을 받고 황희를 뵈러 왔다. 황희가 통감강목 한 질을 내 놓고 그에게 책 표지를 쓰도록 했다. 그때 계집종이 술상을 차려놓고 들어와서 황희에게 말하기를 "술상을 드리겠습니다" 하니 공이 나지막한 소리로 "아직 두어라" 하고 말했다. 계집종이 다시 공의 곁에 한참 서 있다가 성난 소리로 "어찌 그리 더디시오?" 하니 황희가 웃으면서 "가져오너라"라고 말했다. 술상이 들어오자 조그만 아이 두어 명이 모두 떨어진 옷에 맨발로 들어와 어떤 아이는 황희의 수염을 잡아당기고 어떤 아이는 황희의 옷을 밟으면서 차려놓은 음식을 모두 퍼 먹었다. 심지어 황희를 때리기까지 하나 황희는 "아프다, 아파!"라고만 할 뿐 화를 내지 않았다. 이 어린아이들은 모두 노비의 자식들이었다.

"노복도 하나님이 내리신 백성인데 어찌 사납게만 부린단 말인가?"라는 글을 써서 자손에게 남겼다. 황희는 매일 아침저녁에 식사할 때가 되어 여러 아이들이 몰려들면 으레 밥을 덜어 주었다. 아이들이 서로 떠들며 앞을 다투어 먹어대면 황희는 그저 웃기만 할 뿐이었다.

# 눈앞에 칼이 들어와도 무심해

연산군이 신하들의 간담을 서늘하게 했던 일이 여러 차례 있었다. 연산의 아버지 중종임금 때 재상을 지낸 정광필이 연산군과 신하들 앞에서 임금의 잘못을 간했을 적 이야기이다. 정광필의 말에 임금이 분노해서 벌을 내렸다. 연산은 칼을 정광필의 무릎 위에 놓고서 그 칼이 칼집에서 다 빠져나옴과 동시에 그의 목을 치라고 형리에게 명했다. 칼집에서 칼을 빼기 시작하여 거의 칼이 빠지는 것을 보면서 신하들은 벌벌 떨고 있었고, 형리는 날이 선 도끼를 들고서 칼이 빠지기만 기다리고 있었다. 모두들 등에는 식은땀이 흐르고 있었다. 사람들은 숨을 죽여 이 공포의 순간을 피하지 못한 채 기다리고 있었다.

그런데 얼마 안 있으면 죽을 운명인 정광필만은 태연하게 얼굴빛 하나 변하지 않고 엎드린 채 할말을 다 하고 있었다. 연산도 기가 질려서 칼을 도로 꽂게 하고 '장한 열사'라고 감탄하고는 그를 아산으로 귀양 보냈다.

앞서서 이런 일도 있었다. 벼슬을 사퇴하고 회덕에 있을 때이다. 금부

도사가 나졸을 거느리고 들이닥쳐 온 집안이 뒤집히고 울음소리가 들렸다. 정광필은 손님과 더불어 장이야 군이야 하며 큰 소리로 장기를 두고 난 후에 비로소 귀양을 가게 되었음을 알았다. 정광필은 금부도사에게 국가의 은혜가 지극하다고 말하고는 코를 골면서 잠을 잤다. 그리고 이튿날 그는 아침에 일어나서 태연히 유배지로 향했다.

그 후 조정에서 기어이 정광필을 죽이기로 작정했다는 소식에 온 집안이 들끓게 되었다. 그 와중에 부인이 걱정하다가 하인을 보내서 점쟁이를 찾아갔다. 점쟁이 말이 수명이 아직 10년은 남아 있다고 했다. 이 말을 전해들은 부인이 의아하게 생각하고 있는데 다시 조정에서 사람이 와서 사형을 면해 주었다고 말했다.

하인이 이 기쁜 소식을 가지고 유배지에 도착했을 때에 하인이 지쳐서 말을 하지 못했다. 혹시 하인이 나쁜 소식을 가지고 오지나 않았는가를 걱정해가며 가족들이 주머니를 들여다보니 기쁜 소식이었다. 기쁜 소식을 전해 듣고도 정광필은 그저 "응! 그래" 하고는 또 코를 골면서 잠을 자고 이튿날 아침에야 서울로 천천히 떠났다.

생과 사의 갈림길에서 불안해하지 않고 격한 감정을 불러일으키지도 않고 의연하게 평상심을 유지했다.

# 홍서봉의 일화

"야아! 여기 이 연꽃들 좀 봐라!"

"이리 비켜, 네가 다 꺾어 버리면 어떡해."

"조금 더 옆으로 가, 저기도 많잖아."

"야, 네 것 이리 내, 이 욕심쟁이!"

홍정승의 집 못가에서는 어린아이들의 연꽃 꺾기가 한창이었다.

"이놈들, 거기서 뭣들 하느냐?"

"야, 어르신이다. 얼른 달아나자."

"꽃들은?"

"몰라, 빨리 뛰기나 해."

조선 중기의 학자 홍서봉이 어릴 때의 일이다. 여러 아이들과 정승 홍
섬의 집 못가에서 놀다가 모두들 앞을 다투어 연꽃을 꺾었다. 홍 정승이
이를 보고 크게 화가 나 매를 때리려 하자 다른 아이들은 모두 겁에 질려
흩어져 달아났지만, 홍서봉은 홀로 그대로 서 있었다. 홍 정승이 이상하

게 여겨 그를 불러서 물었다.

"무슨 연유로 홀로 달아나지 않았느냐?"

"잘못을 했으니 마땅히 그에 걸맞은 벌을 받아야지요."

가만히 생각하던 홍정승이 말했다.

"네가 만일 시를 지으면 내가 매를 때리지 않겠다."

"좋습니다. 한 번 해보겠습니다."

홍 정승이 '추秋, 유遊, 우牛' 세 글자를 운자로 연달아 불러주었다. 홍서봉은 그 소리에 응하여 다음과 같은 시를 지었다.


상공의 못가 누각 가을처럼 서늘한데

동자가 벗 데리고 달빛 아래 노는구나

태평의 큰 사업이 무슨 일인지 아시나요

연꽃만 따져 묻고 소는 묻지 않네


시를 찬찬히 읽고 난 홍 정승은 그를 자리에 맞아 앉히면서 "이 아이는 반드시 내 자리에 오를 것이다" 하며 칭찬했다고 한다. 홍 정승의 예언대로 홍서봉은 정승 자리에 올랐다.

# 개구쟁이를 품은 황희

어느 날 황희는 사랑채에 들어가 방문을 열어놓고 앉아서 땀을 식히고 있었다. 탁 하는 둔탁한 소리가 들려오더니 얼마 안 있어 또 탁 하는 소리와 함께 배나무의 열매가 두두둑 떨어지는 소리가 들렸다. 밖을 내다보니 담장 밑 개구멍으로 동네 개구쟁이 한둘이 살금살금 들어오고 있었다. 황희가 안마당을 향해서 청지기를 불렀다. 개구쟁이들은 꽁무니가 빠지라고 도망을 쳤다. 황희는 청지기에게 배를 주어다가 이웃집 누구누구 집에 돌리라고 말했다. 청지기가 "분부대로 하지요. 헌데 그 녀석들은 담 밑에서 돌을 던져 배를 따는 애들인데요?"라고 하자 정승은 "오죽 배가 고프고 먹고 싶었으면 그랬겠는가?"라고 말했다.

꾸중을 들을까봐 겁먹고 있던 동네 개구쟁이들은 정승이 보내준 배를 먹으면서 황송하게 여겼고, 그 때문인지 다음부터는 담장으로 돌을 던지는 일이 없었다.

# 셋이 다 옳구려

하루는 하녀 둘이서 입씨름을 하였다. 네가 옳으니 내가 옳으니 말싸움을 하였으나 결판이 나지 않았던지 한 하녀가 황희에게 와서 자신이 옳다고 말했다. 황희가 "그래, 네 말이 맞다"고 말했다. 그러던 중에 다른 하녀가 찾아와서 자신이 옳다고 말했다. 황희가 다시 "네 말이 맞다"고 했다. 이것을 보고 있던 부인이 말했다. "이쪽도 옳고 저쪽도 옳다고 하시면 어쩌나요? 어느 한쪽이 옳고 어느 한쪽은 그르다고 하셔야지요?" 하니 이번에는 황희가 "부인 말도 맞소"라고 말했다.

황희는 사소한 일에는 너그럽게 처리했다. 누구에게나 따뜻한 인정을 가지고 대했다. 밥상을 가져다 놓으면 하인의 아이들이 먼저 손으로 밥을 퍼 먹고 황희 정승의 수염을 끌어내려도 허허 웃곤 했다. 사람의 귀천을 따지지 않고 상대의 입장을 고려해 모두 수용하며 너른 품으로 사람들을 포용하면서 살았다.

# 허허 정승의 장군 길들이기

허허 정승이라고도 불리는 황희는 너그럽고 어진 성품을 가진 것으로 잘 알려져 있다. 일을 하는 데 있어서는 한 치의 빈틈이 없이 엄격했다. 평소 집에서 황희의 부드러운 모습만 본 부인이 이러한 분이 어떻게 재상의 중책을 맡게 되었는지 모르겠다고 하자 황희는 빙그레 웃을 뿐이었다.

어느 날 입궐하기 위해 새벽에 일어나 관복을 입고 의자에 앉아 있었다. 그 모습이 너무나 엄숙해서 부인이 어리둥절해 있으니 황희가 웃으며 이제야 재상인 줄 알겠느냐라고 이야기했다고 한다.

김종서가 육진을 개척하고 병조판서를 제수 받아 임금의 대우가 융숭해 너무 거만스러워 방약무인한 태도가 있었다. 어느 날 회의 때 김종서가 술을 많이 먹고 비스듬이 앉아있는데 황희가 넌지시 아전에게 일렀다.

"지금 병조판서의 앉은 자세가 바르지 않으니 의자의 다리를 고치도록 하라."

김종서가 듣고 너무도 황공하여 머리끝이 저절로 쭈뼛해짐을 느끼고 나서 다른 사람에게 말하였다.

"내가 육진을 개척할 때 밤중에 적의 화살이 날아들어 책상머리에 꽂혔어도 얼굴빛이 변하지 않았는데 오늘은 뜻밖에 식은땀이 등을 적시었구려."

김종서가 누차 병조판서가 되고 호조판서가 되었을 때 매번 한 가지 일이라도 착오나 실수가 있으면 황희는 괴로울 정도로 꾸짖었다. 심지어 김종서의 종을 매질하거나 가두기도 했다.

황희가 영의정이 되었을 때 김종서가 공조판서가 되었다. 일찍이 공적 모임에 김종서가 간략하게 준비한 술과 과일을 올리게 하였다. 황희가 노하여 말하기를 "나라가 설치한 예빈시(빈객을 맞아 잔치를 베풀던 관아)는 대신들을 위한 것인데, 만일 허기가 지면 마땅히 예빈시에서 준비하여 와서 줄 것이지 어찌하여 사사로이 공적인 판공비로 준비하였는가"라고 김종서를 꾸짖었다.

또 한 날은 김종서 장군이 병조판서가 되어 강원도 순찰을 마치고 돌아오는 길에 강원도 토종꿀 한 단지를 가지고 와서 졸병을 시켜 인사를 하러 갔다. 황희는 고맙다는 말은 고사하고 천만 뜻밖에 "이 꿀은 분명히 뇌물이나 공으로 받은 것이다"라고 했다. 또 국록을 받은 사병을 사사로운 일에 쓴다고 하면서 호통을 치고 꿀단지는 도로 가져가라 하였다.

황희는 일을 할 때만은 합리적이면서도 엄격한 태도를 보였다. 공적인 일에 사적인 일이 개입되지 않도록 해 공과 사를 철저히 구분하였다. 또한 기본 원칙과 도리에 어긋나는 부분에 대해서는 분명하게 이를 지적해 꾸짖었다.

하루는 맹사성이 묻기를 "김종서는 이름난 신하인데 어찌하여 사사건건 책망함이 심하십니까?" 하니 황희가 말하기를 "이것은 내가 김종서를 덕이 있는 사람으로 만들려는 것이오. 김종서는 성품이 거만하고 기질이 예민하여 일을 함에 과감하니 훗날 우리들의 자리에 있을 때 스스로 신중하지 못하고 일을 그르칠 것이오. 그래서 꺾고 경고하고 격려하여 그로 하여금 뜻을 삼가고 무겁고 너그럽게 가져 일에 임해서는 경박하지 아니하게 하려 함이지, 재앙을 주려함이 아니오"라고 하니 맹사성이 이에 수긍하였다. 후에 공이 물러나면서 김종서를 추천하였다.

결국 황희가 김종서를 그리 엄하게 대한 것은 모두 김종서와 나라를 위한 것이었다. 김종서를 꾸짖음으로써 그가 높은 자리에 걸맞은 성품을 가질 수 있도록 함이었으며, 후에 김종서가 나라를 잘 이끌어 가도록 함이었다.

# 애꾸눈보다 참을성 없는 성품이 병신

김량은 한눈이 애꾸이면서 성질이 몹시 조급했다. 남들이 애꾸눈이라는 말만 해도 금시 화를 냈다. 그러니 함께 어울려 노는 사람이 우스개로 하는 말이라도 애꾸눈이나 사팔뜨기 같은 말은 하지 못했다.

친구 정휘가 그를 보고 말했다.

"사람은 도량이 넓어야 하는 법인데 그대는 어찌 남들이 장난으로 하는 말에도 화를 내는가? 아마 사람들은 그대가 부귀를 누려도 도량이 모자란다고 할 걸세."

그러자 김량은 "그렇지 않아. 그게 무슨 말인가? 내가 언제 화를 냈단 말인가?" 하면서 자신이 화를 냈다는 것을 부정했다. 정휘가 "그럼 내가 욕을 할 터이니 그대는 성을 내지 않겠는가?" 하니 김량이 "자네가 놀린다고 내가 어찌 성을 내겠는가?"라고 말했다.

"정말 성을 내지 않겠는가?"

"그렇다니까."

이렇게 약속을 받은 후에 정후가 큰 소리로 욕을 해 댔다.

"이 애꾸눈 병신아! 너는 반 푼이지, 온전치 못해. 너도 사람이냐? 왜 죽지도 못하느냐?"

김량은 화를 참지 못해서 성난 빛이 얼굴에 가득했으나 이미 성을 내지 않기로 약속한 바 있어 한마디도 못하고 참았다.

다음 날 이야기 끝에 채수가 김량에게 조용히 "그대의 눈은 고칠 수가 있는데 다만 그대가 모르고 있다"고 말했다. 김량이 그 말의 진위를 다시 물었으나 채수가 역시 "틀림없네" 했다. 김량은 속으로는 무척 불쾌했지만 눈을 고칠 수 있다는 말에 혹시 도움이 될까 짐짓 말하기를 "무엇인지 말해보게" 하니 채수는 그저 "좋다, 좋아!"라고만 했다. 김량이 답답해서 "어서 말해보라니까" 하고 재촉했다.

채수가 말하기를 "술을 마셔 몹시 취한 후에 칼로 애꾸눈 속 눈알을 도려내고 1년생 개의 눈알을 대신 끼우면 피가 식기 전에 근육이 엉겨 붙어서 볼 수 있다" 하니 김량도 그렇겠다고 머리를 끄덕였다. 이것을 본 채수가 한 발 더 나가서 김량을 놀렸다. "눈은 잘 보이겠지만 사람의 똥을 보면 모두 고량진미로 보일 것이니 그것을 미리 알아두어야 한다" 하니 주위 친구들이 듣고 모두 웃었다. 비로소 김량은 애꾸눈보다 참을성 없는 성품이 고질병임을 알고 그 화병을 고친 것이다.

# 통소 부는 정승

맹사성은 청백하고 공사를 구분하고 검소하기로 유명했다. 황희 정승과 한 시대를 살았는데 맹사성과 황희는 모두 정승에 올라 오랫동안 그 자리에 있었음에도 불구하고 늘 가난했다.

하루는 맹사성이 밥상을 받고 보니 햅쌀밥이 올라와 있었다. 부인에게 그 햅쌀을 어디서 구했느냐고 물었다. 녹봉으로 받은 쌀이 너무 묵어서 먹을 수 없는 지경이라 이웃집에서 꾸어 왔다고 하자 맹사성은 부인을 나무랐다.

"이미 국가에서 녹미를 받았으면 그것을 먹을 일이지. 이웃집에서 꾸어 와서야 되겠는가?"

부인을 무안하게 한 맹사성은 자못 미안해서 통소 한 가락 불어주었다. 가난을 별로 불편하게 느끼지 못하고 오히려 명예롭게 생각한 맹사성은 어려운 살림살이는 걱정하지 않고 평소대로 통소를 불었다. 통소 가락 속에서 삶의 흐름을 느끼듯 그렇게 여유를 느끼며 맹사성은 통소를 불었던 것이다.

# 우산이 없으면

고려 말에서 조선 초까지 유명한 학자로 높은 벼슬자리에 있었던 유관의 집은 지금의 동대문 밖에 있었다. 당시 서울의 중심을 뜻했던 4대문 밖에 산다는 것은 권력이 없다거나 가난하다는 것을 나타낸다. 하지만 그는 동대문 밖에 있는, 그것도 담장 하나 없는 초가삼간에서 평온하게 살았다. 그 집에서도 유관은 주어진 환경대로 늘 아끼며 욕심 없이 살았다.

한번은 장맛비가 한 달 넘게 계속된 적이 있었다. 그때 집 천장이 새어서 방안으로 비가 주룩주룩 쏟아졌다. 유관은 태연하게도 우산을 받쳐 들고 방안에 앉았다. 떨어지는 빗줄기를 보면서 당황해하는 부인을 돌아보며 그는 이렇게 말했다.

"우산이 있으니 참 다행이지요?"

"……"

양동이를 꺼낼까, 지붕 고칠 사람을 부를까 안절부절못하고 있던 부인은 할 말을 잃고 가만히 그를 바라보기만 하였다.

“우리야 그래도 다행입니다마는 우산이 없는 집은 이 장마에 어떻게 버틸까요?”

“네?”

“이 대단한 비를 보고 있자니 다른 사람들이 걱정이오.”

부인은 허둥지둥하던 마음을 가라앉히고 웃음을 머금은 채 대답했다.

“당신이 그러시니 내가 할 말이 없네요. 우산이 없는 사람은 반드시 다른 준비가 되어 있을 것입니다.”

부인의 대답에 유관도 빙그레 웃었다.

# 외척 승지를 벌하려는 임금

성종임금의 외가 친척인 승지가 있었다. 그가 자단향나무로 조그마한 집을 지었다. 소문을 듣고서 성종 임금이 승지를 불러서 자단향나무로 집을 지은 것이 사실이냐고 물었다. 승지가 아니라고 부정했다. 임금이 신하와 내시를 시켜서 가 보게 하였더니 과연 자단향나무로 집을 지은 것이 사실로 드러났다. 신하가 거짓말로 임금을 속인 것은 목숨을 내놓을 일이다.

임금이 승지를 처벌하려고 해도 어머니인 대비가 승지를 용서해주라고 할 것이었다. 어머니의 청을 저버릴 수 없을 것이고, 그렇다고 불법을 저지르고 임금을 속인 자를 용서할 수도 없는 일이었다. 일반 백성이 불법을 저질렀을 때 용서한다면 별 문제가 없을 수 있지만, 임금의 외가 친척이 불법을 저지르고 임금을 속인 것을 그대로 둔다면 이는 불공정한 일이고, 이 때문에 국가의 법이 제 기능을 하지 못할 것이었다.

이러한 것을 걱정한 나머지 성종은 병을 요양한다고 핑계대고 경복궁

으로 옮겨가서 승지의 목을 베어 죽이고 난 후에 환궁하면서 병이 나았
다고 말했다. 어머니의 명을 어길 수 없을 것을 미리 생각하고 어머니가
부탁할 수 없는 곳에 가서 외친을 처벌한 것이다.

# 작은 성실이 큰일의 주춧돌

정홍순은 항상 갓모를 두 개 차고 다녔다. 하나는 비올 때 자신을 위한 것이고 또 하나는 다른 사람을 위해서 준비한 것이다.

그가 과거에 급제하기 전이었다. 영조임금이 동구릉에 행차할 때 동대문 밖에 나가서 그 행차를 보고 돌아올 즈음에 비가 내렸다. 옆에 있던 사람이 갓모가 없어 걱정하기에 갓모 한 개를 빌려주고 동행하여 회동 동구에 이르러 자기 집으로 들어가면서 갓모를 돌려달라고 했다. 그러자 그 사람이 "날이 아직 개지 않았으니 내일 마땅히 집으로 돌려주겠다"고 해서 집 주소를 상세히 알려주고 혹시 돌려주지 않을까 싶어서 빌려간 사람의 동네를 물어 알았다. 다음 날 그 사람이 오지 않았다. 그 이튿날도 오지 않자 홍순이 그 집을 찾아가서 갓모를 찾아온 적이 있었다.

그로부터 이십 년 후에 정홍순이 호조판서가 되었다. 호조좌랑 한 사람이 새로 임용되어 인사를 왔다. 다름 아닌 동구릉 거동시에 갓모를 빌려간 사람이었다. 정홍순이 물었다.

"자네가 전년에 동구릉 거동할 때 나한테 갓모를 빌린 적이 있는데 기억하지 못하는가?"

그 사람은 한참을 생각하다가 놀라면서 답했다.

"과연 그런 일이 있었습니다."

정홍순이 말했다.

"자네가 갓모 한 개를 돌려주지 않는 것을 보면 신의가 없는 것을 알 수 있다. 어찌 국가의 벼슬을 할 수 있는가? 곧 사직하는 것이 옳다."

# 신분을 뛰어넘는 열린 사고

황희가 참찬으로 있을 때 황해도에서 열 살 남짓 된 아이종을 데려다가 자제들의 글방 심부름을 맡겼다. 그런데 그 아이는 밖에서 글을 읽는 소리를 듣고 조금도 틀림없이 줄줄 외웠다. 황희가 이에 놀라서 즉시 그 아이의 신분을 양인으로 만들어주고 먼 데로 떠나보내면서 당부하였다.

"이 사실을 다른 사람에게 말하지 말고 다른 곳으로 옮겨 살면서 부지런히 공부하면 반드시 성공할 것이니 다시는 이곳에 오지 말거라."

십여 년이 지난 뒤 과거에서 대여섯 명이 뽑혔는데, 황해도에서도 한 사람이 시험에 합격했다. 황희가 영의정으로 있을 때였다. 급제한 선비들이 모두 공을 뵙기를 청해 오는데 맨 뒤에 있던 한 선비가 말에서 내리더니 문에 들어서자마자 꿇어 엎드리는 것이었다. 황희가 이를 보고 물었다.

"어찌 그렇게 지나치게 공손한가?"

사람을 시켜 붙잡아 자리에 앉히자 그 선비가 어렸을 적의 이름을 대었다. 황희는 얼른 더 이상의 말을 못하게 하고 예를 갖추어 대접한 뒤에 가만히 이야기했다.

"다른 사람이 알면 혹 벼슬길에 구애를 받아 좋은 명망을 기대하기 어려울까 걱정되니 항상 조심하도록 해라."

선비는 황공해하고 감격해하며 물러갔다. 선비는 그 뒤에 큰 벼슬에 올랐다.

# 날이 새기를 기다려

'내가 지금 불쑥 화를 내고 진실을 밝히는 것만 생각한다면 죄 없는 생명 하나만 다치리라…… 참자. 지금 이 억울함을 참자. 그리고 기다리자. 숨길 줄 모르고 거짓말을 할 줄 모르는 저 어린 생명이 곧 모든 것을 밝혀 주리라……'

고려 말기의 학자 윤회는 젊은 시절, 자신의 억울함을 참고 작은 생명을 살린 일로 유명하다. 윤회는 젊은 시절에 어느 시골길을 가고 있었다. 어느덧 날은 저물고 하룻밤 묵어 갈 곳을 찾아야 했다. 작은 여관을 발견했지만 객이 많아서 방이 없다면서 그 여관에 머무는 것을 허락하지 않아서 할 수 없이 뜰 밑에 가만히 앉아 있었다. 그때 주인집 아이가 커다란 진주를 가지고 놀다가 그만 땅에 떨어뜨렸는데, 마침 곁에 있던 흰 거위가 그것을 삼켜 버렸다. 여관에 묵는 것조차 거부당할 만큼 검소한 옷차림을 한 젊은 윤회에게로 의혹이 돌아왔다.

"도대체 진주가 어디로 사라진 거야? 젊은이가 혹시 못 보았소?"

“……”

“사람 그렇게 안 보았더니 아주 몹쓸 젊은이로군. 쉽게 돈을 벌려고 남의 것에 손을 대다니. 젊어서 고생은 사서도 한다고 그랬건만, 쯧쯧.”

“……”

“아니 그래도 말이 없어? 하는 수 없군. 날 밝는 대로 관가로 갑시다. 참, 세상 고약해서 어디 누굴 믿고 살아……”

끝내 진주를 찾지 못하자 집주인은 윤회를 꽁꽁 묶어 두었다. 다음날 아침에 관가로 데리고 갈 작정이었다. 윤회는 변명 한마디 하지 않고 다만 주인에게 거위도 묶어서 자기 곁에 두도록 부탁했다.

다음 날 아침, 거위가 눈 똥에서 진주가 나왔다. 주인은 너무도 부끄러워 사과하고 나서 왜 어제 진작 말하지 않았느냐고 물었다.

“만약 내가 어제 말했다면 당신은 저 거위의 배를 가르고 진주를 찾았을 것 아니오? 그래서 아침까지 기다린 것이오.”

무슨 일인가 실수를 하거나 잘못을 한 뒤 누군가가 그것을 알고 비난할 것을 기다리고 있을 때의 심정은 자못 초라하기만 하다. 초조하고 답답하고 두려울 것이다. ‘그 실수를 다시 되돌릴 수만 있다면……’ 하고 안타까움에 마음 졸일 때가 있다. 그때 누군가가 참을성 있게 기다려주고 너그럽게 아량을 베풀면 그 고마움은 잊을 수 없다. 그리고 스스로 자신의 잘못을 인정할 수 있다. 자녀의 잘못이 있을 때 부모가 성급하게 몰아대서는 안 되는 이유를 윤회는 가르쳐준 것이다.

## 촌부 같은 정경부인

선조임금 때 재상인 이정구는 그 이름이 중국에까지 널리 알려져 있었다. 이정구의 부인은 남편을 비롯해 두 아들이 다 높은 벼슬을 지내고 있었으나 검소하게 살면서 사치와 거리가 멀었다.

하루는 정명공주가 아들을 결혼시킨 후 신부가 친정에서 오는 날에 손님을 초대했다. 공주 댁을 빛나게 하기 위해서 재상 부인들이 초대되었다. 재상 부인들이 화려한 옷을 입고 패물을 차리고 모였다. 오랜만이라 인사를 나누고 있는데 멀리 가난한 시골 부인 같은 노파가 허름한 가마에서 내려 베저고리에 무명치마를 입고 들어섰다.

그 노인이 섬돌 위에 오르자 공주가 버선발로 내려가 손을 잡고 부축해 올라와서 맨 윗 좌석에 앉게 했다. 그리고 지성으로 대접했다. 음식상이 나오는데 노인이 일어나 가야겠다고 말했다. 해가 지려면 아직 멀었는데 더 놀다 가시지 그러느냐고 공주가 말렸다.

"저의 집 대감은 새벽에 입궐하시고 큰아들은 이조판서로 승정원에 가

고 둘째는 당직을 해서 내일 아침에나 돌아옵니다. 늙은 이 몸이 저녁밥
을 지어서 차려 보내야겠으므로 불가불 일찍 돌아가야겠습니다.”

그제서야 그 노인이 월사 이정구 대감의 정경부인인 줄 알고 모두 놀랐
다. 그리고 정승부인들 모두 부끄러워했다.

# 경서만큼 귀중한 예물이 있나?

조선 초기의 의학자 유효통의 아들 중에 황보인의 딸에게 장가든 사람이 있었다. 당시 풍속으로는 돈 많은 사람들은 장가들 때에 반드시 진귀한 패물을 함에 담아 사람을 시켜 예물로 보냈다. 부자들은 함을 서너 개나 보내기도 했다. 유씨의 아들도 함을 예물로 보냈는데 황보인이 여러 손님들 앞에서 그 함을 열어보니 모두 책뿐이었다. 그 자리에 있던 사람들이 깜짝 놀랐다. 나중에 황보인이 사돈 유씨를 만나 그 이유를 물었다. 유씨가 대답하기를 "황금이 상자에 가득하더라도 자식에게 경서 한 권을 가르치는 것만 못하다는 옛말이 있는데, 그 책을 어찌 혼인 예물로 함에 넣지 못하겠습니까?" 하였다. 황보인이 훌륭한 사돈을 두었다고 좋아했다.

황보인은 태종 때 문과에 급제하고 세종 때 김종서와 더불어 국경지대에 가서 육진을 개척하고 돌아와 영의정이 된 사람이다. 돌아간 세종임금의 명을 받들어 단종을 보호하다가 김종서와 함께 수양대군에게 살해

되었다. 의리를 중히 여기던 사람이었다. 유효통이 황보인의 인간됨을
알고 그에 대한 믿음으로 함에 책을 넣어 보냈던 것이다.

# 벌꿀은 백성의 재산

중종임금 때 정붕이 청송부사로 근무하고 있을 때였다. 젊을 때부터 친구인 성희안이 영의정으로 있으면서 정붕에게 편지를 보내어 안부를 묻고는 잣과 벌꿀을 보내달라고 부탁했다. 그러자 정붕은 "잣나무는 높은 산 정상에 있고, 꿀은 민가 벌통에 있으니 부사가 어떻게 잣과 꿀을 얻을 수 있겠는가?"라고 답장을 보냈다. 성희안이 편지를 받고 부끄러워하며 사과했다.

인조 때 북도에 있는 무관 수령이 정승이었던 최명길에게 담비 털옷을 선물했다. 최명길이 그것을 가져온 사람을 불러서 도로 주면서 말했다.

"돌아가서 너의 원님에게 말하라. 이것은 어지러운 조정에서나 하는 일이다. 내가 들어가 위에 아뢰어 죄를 주려 하였으나 이번에는 용서하니 이후에는 이처럼 하지 말라고 전해라."

기건이 연안에 부사로 임용되었을 때 연안에 붕어가 많이 나므로 그것을 요청하는 사람이 많아서 백성에게 폐를 끼치는 일이 더러 있었다. 전임자였던 김모 부사가 붕어 먹기를 좋아해서 사람들이 벽사의 벽에 '부사 6년에 무슨 사업하였는가, 온 못의 붕어를 다 먹어치웠네' 라고 크게 썼다. 기건은 그런 비방을 피하려고 붕어를 한 마리도 먹지 않았다. 그 후 제주 목사로 가서 부임하여 근무하는 3년 동안에도 전복을 한 개도 먹지 않았다.

기건은 원래 평민 출신으로 세종대왕이 발탁하여 지평이 된 후 사람됨을 인정받아 그 벼슬이 관찰사, 대사헌 등 고관에 이른 사람이다. 세조가 조카를 폐하고 스스로 임금이 된 후에 함께 일하자고 기건의 집을 다섯 차례나 방문하였다. 기건이 눈 뜬 장님이 되었다면서 응하지 않았다. 그러자 한 번은 세조가 바늘을 가지고 눈을 찌르려 하였으나 눈을 뜬 채 바늘을 피하지 않았다. 결국 세조가 포기하고 말았다.

# 청백리 황희

　황희는 청백리(청렴한 벼슬아치)이다. 황희는 생활에 필요한 최소한의 것만을 가지고 나머지는 다른 이에게 모두 나누어주었다. 황희의 집은 높은 직위에 있던 사람들과 달리 초라하고 비가 오면 물이 셀 정도였다. 가재도구는 빈약하기 짝이 없었고, 광은 아예 없었다. 심지어 등을 대고 자는 자리는 멍석이라고 하는 볏짚으로 엮은 자리뿐이었다. 그럼에도 황희는 "이 멍석은 등 가려운 데를 긁기에 매우 좋다"라고 말할 뿐이었다.

　초라한 집에 걸맞게 황희는 관복이 한 벌 뿐이었다. 어느 겨울날 궁궐에서 나와 겉옷을 빨았다. 공교롭게도 그날 밤에 갑자기 입궐하라는 세종임금의 분부가 있었다. 황희는 어쩔 수 없이 솜이 너덜너덜한 속을 입고 관대를 매고 입궐하여 왕 앞으로 나갔다.

　세종임금이 멀리서 황희를 보자 옷에 너덜너덜한 털이 보였다. 세종은 황희가 수달피 옷을 입은 줄 알고 화가 났다. 옆에 있던 맹사성이 수달피가 아니라 솜 누더기임을 아뢰었다. 세종은 화를 풀면서 그 연유를 묻고는 비단을 하사하였으나, 황희는 국록으로도 충분하다고 하면서 사양하였다.

'내가 죽은 뒤에 상사와 장례는 하나로 가례에 따르라. 만약 우리나라에서 행하기 어려운 일은 억지로 따를 필요는 없으며, 힘과 분수에 맞게 치르라. 또 집의 형편에 따르고 허례허식을 따르지 마라' 고 유언했다.

'그 남편에 그 부인' 이라는 말이 있듯이 황희의 부인 양씨도 평소 속치마가 하나 뿐이라 외출할 때는 시어머니와 번갈아 입었다. 하루는 영의정이었던 황희의 부인을 비롯해 조정 대신의 부인들이 세종의 왕비의 초청을 받아 궁중에 모이게 되었다. 그 자리에서 왕비는 양씨 부인의 초라한 차림에 놀라며 다른 사람들에게 모두 본을 받으라고 이야기하였다.

황희에게는 아들이 세 명이 있었는데, 그의 가르침은 아들들에게도 그대로 전해졌다. 장남 황치신이 호조판서로 있을 때였다. 집을 새로 짓고 손님을 초청하여 신축을 기념하는 잔치를 베풀었다. 그때 새집을 찾아온 황희는 아무것도 물려준 바 없는데 무슨 돈으로 집을 지었는지를 캐물었다. 청렴한 관리에게는 있을 수 없는 일이라며 호화사치를 심히 꾸짖고는 새집에 들어가지도 않고 돌아서 가 버렸다.

황치신은 아버지의 꾸중을 듣고 즉시 그 집을 팔고 평생 검소한 생활을 하였다고 한다. 부모가 모두 모범을 보였기에 아들도 평소 본대로 생활하고 부모의 가르침을 본받은 것이다.

황치신은 아버지의 깊은 뜻을 받들어 소박한 생활을 하였고 자신의 아들들에게도 그렇게 살도록 가르쳤다. 황치신의 아들 아홉 명 중에 다섯 명이 과거에 급제했다는 것은 할아버지 때부터 내려온 검박한 가풍 속에서 성실히 공부하였기 때문이었다.

　신숙주는 황희의 비석에 '황희는 친족 가운데 외롭거나 가난하여 생계를 스스로 유지할 수 없는 이가 있으면 으레 혼수를 마련하여 혼인을 시키되 가재를 털어 도와서 혼인 시기를 놓치는 일이 없도록 하였고, 집에 있을 때는 청렴, 검소하고 예의로써 몸을 지켜 그 처사가 다 본받을 만하였다. 영상으로 있으면서도 가세가 쓸쓸하여 마치 벼슬을 하지 않는 사람과 같았다' 고 썼다. 정승의 자리에 있으면서도 가세 쓸쓸하기가 백수와 같았다는 말에서 무엇을 읽을 것인가. 물질이 풍부한 현대를 사는 우리들에게도 많은 것을 시사한다.

# 문인의 경제 교육법

해남에 윤선도의 종가가 있다. 윤선도는 어려서부터 총명하고 글을 좋아하여 학문에 조예가 깊었다. 인조임금의 두 왕자, 봉림대군과 인평대군의 사부가 되어 임금과 왕비의 신임을 받았다.

윤선도는 학문 외에도 의약, 음양지리에도 뛰어났을 뿐 아니라 시조에는 더욱 뛰어났다. 한국인이라면 누구나 교과서에 실린 「오우가」를 기억할 것이고 풍류와 감성 있는 선비를 기억할 것이다.

이처럼 풍류가 넘치는 윤선도이지만 그에 못지않게 현실인으로서 집안 경제를 챙기고 가문의 미래를 위해서 경제적 토대 마련 방법을 가르쳤다. 당시는 아들인가 딸인가 맏이인가 아닌가에 상관없이 균분상속이 실시되었다. 그러다보니 종가의 재산이 자녀수대로 나누어져 재산이 분산되었다. 상속이 대를 거듭하다보면, 결국 종가가 가난해질 것을 우려하던 윤선도는 스스로 묘책을 마련했다.

종가가 지닌 유산의 그루터기는 어떤 일에도 축내지 않도록 하고 단지 그 터전에서 경작되는 생산물만 판매하여 가족 행사 비용으로 사용하도록 했다. 종가에서 태어난 후손들은 종가의 재산이 자신들의 몫이 아니라 종가를 지탱하기 위한 터전임을 알고 미리 포기하도록 하는 원칙을 정해 수백 년 동안 유지해 왔다.

딸을 시집보내면서, 작은 아들들을 살림 내면서 살림을 마련해 주고 싶은 것은 인지상정이다. 부모는 누구나 그 유혹을 받는다. 마음이 약해진 부모가 종가의 재산을 분가할 때마다 쪼개서 상속할 것을 우려해서 윤선도는 상속의 원칙을 정해서 알렸다. 종가는 둘째, 셋째 아들의 살림을 내면서 유산에 손대지 못하도록 유언을 병풍에 써서 안방에 세워두고 보아 대대로 잊지 않도록 해 왔다. 그루터기라고 할 토지는 절대로 맏이 이외 다른 아들에게 주지 못하게 했다. 토지에서 생산된 것만을 줄 수 있게 해 왔다. 부모 대에서 이룬 것은 받을 수 있으나 조상의 것은 상속받을 수 없게 한 것이다. 조상의 재산은 모두 종손의 것으로 대물림하도록 했다. 말하자면 가문을 잇는 후계자가 맡아 관리하고 아랫대 후계자에게 상속하도록 한 것이다.

현재 종손의 동생은 부모에게서 받은 것은 논 20마지기와 밭 12마지기이다. 종가의 재산 500여 마지기 규모로 본다면 물려받은 것은 작은 것에 불과하다. 그렇지만 논 20마지기와 밭 12마지기는 부모가 땀 흘려 번 것이고, 그 때문에 값을 따질 수 없이 소중한 것으로 간직하고 있다고 했다. 서울에서 은행장을 지낸 둘째 아들은 그 토지의 값으로 친다면 얼마 안하는 것이지만 그것을 마련한 부모의 땀을 가지고 계산한다면 귀중한 재산이라고 말한다.

"저는 부모로부터 논 20마지기, 밭 12마지기를 받았습니다. 이 땅은 부모가 땀 흘려서 모은 것이며 조상에게서 내려온 것은 아닙니다. 지차에게는 조상에게서 내려온 땅을 줄 수 없는 것이 우리 집의 전통입니다."

수백 년 동안 지켜온 이 원칙으로 인해서 윤선도 종가의 재산은 엄청난 규모에 이르렀다. 가문의 박물관을 세워 유지할 만큼의 부가 축적된 것으로, 이는 세계적으로도 유례가 드물다. 윤선도의 예지는 이처럼 수백 년 가문의 역사를 통해 입증된 것이다.

# 가난한 백성은 어떻게 살라고

영조임금 때 김수팽이라는 사람이 있었다. 김수팽은 활달하고 기절이 높은 사람이었다. 그의 사람됨에 관해서 몇 가지 일화가 전해온다.

그는 호조의 서리로 근무했다. 지금 같으면 세무서와 같은 기관이다. 동생은 서리로 일했다. 한번은 동생의 집에 갔더니 항아리와 동이에 염색하는 액체가 넘치고 있었다. 어디에 쓰는 것인가를 물었더니 동생의 아내가 염색업을 한다고 대답했다.

김수팽이 동생을 매로 치면서 "우리 형제가 국가로부터 후한 녹을 받아먹으면서 이런 영업을 하면 가난한 사람들은 장차 무엇으로 생업을 이어 살란 말이냐?"고 말했다. 그리고 염료액을 쏟아버리게 했다. 푸른 염료물이 철철 흘러서 개울에 넘쳤다고 한다. 동생은 형의 엄한 꾸중을 듣고서 다시는 영업을 하지 않았다.

하루는 김수팽이 일찍이 공문서를 가지고 판서의 집에 가서 서명을 기다리고 있었다. 판서직은 오늘날 장관을 말한다. 판서가 손님과 바둑을 두면서 고개만 끄덕이고 기다려도 여전히 바둑을 두고 있었다. 한참을 기다려도 바둑이 끝나지를 않았다.

수팽이 뜰의 계단을 지나 마루에 올라서 손으로 바둑판을 쓸고 다시 내려와 말하기를 "죽을죄를 지었습니다. 그러나 이것은 국가의 일이니 늦출 수 없는 것입니다. 서명하여 다른 서리에게 주어 시행하게 해주십시오" 하고 사직을 고하고 나갔다. 판서가 잘못했다고 사과하며 사직을 만류하였다.

호조에는 은을 바둑알처럼 만들어 저장해 두었다. 봉부동封不動이라고 해서 수백 년 동안 내려온 것이다. 판서가 어린 딸의 패물을 만들어 주겠다고 하면서 봉부동 몇 알을 집어내었다. 수팽이 "소인은 딸이 다섯이나 있으니 저도 많이 가져야겠습니다"라고 말하니 판서가 무안해서 얼른 도로 제자리에 내려놓았다.

# 반드시 생각해야 할 아홉 가지

이이는 일상생활을 하면서 반드시 생각해야 할 아홉 가지를 지켰다고 한다. 이 아홉 가지는 원래 공자가 논어에서 말한 것이다.

사물을 볼 때는 분명하게 볼 것을 생각하고, 소리를 들을 때에는 슬기롭게 듣기를 생각하고, 얼굴빛은 온화할 것을 생각하고, 용모에 대해선 공손할 것을 생각하고, 말할 때에는 충직하기를 잃지 말고, 남을 섬길 때에는 공경할 것을 생각하고, 의문이 있으면 물을 것을 생각하고, 화가 날 때는 화낸 뒤에 닥칠 일을 생각하고, 물건을 얻을 때에는 그를 취하는 것이 합당한가를 생각하라.

이이는 아홉 가지 생각할 일을 써서 벽에 붙여두고서 항상 읽고 생각했다고 한다. 자제들이나 제자들에게도 이 글을 써서 거처하는 방의 벽에 붙여두고서 늘 보라고 가르쳤다. 예전에 엄격한 행동규범을 가지고 일상생활을 임하여 절제함으로써 선비로 성장하는 것이다. 이이의 엄격한 생활규범은 일상생활에 국한되는 것이 아니라 학문의 엄격성과 대인

관계에서도 적용되었다. 다른 사람에게 예를 갖추고 선물을 받거나 이익
이 생길 경우에 그것을 받는 것이 합당한 것인가를 늘 생각하라고 가르
쳤다.

# 진짜 우는 이유는

홍성민은 일찍 아버지를 여의었다. 한 번은 조모가 아홉 살 된 홍성민을 데리고 안성에 갔다. 마을 사람들이 과일을 주었는데 성민이 받지 않았다. 이유를 물어보니 까닭 없이 주는 것에 무슨 이유가 있을지 모른다고 생각해 물리치고 먹지 않았다는 것이다. 조모가 성민을 기특하게 여겨 "내게 손자가 있다"고 말했다. 예전 사람들은 사람 몫을 제대로 할 사람을 사람으로 간주했다. "내게 아들이 있다" 하면 출중한 아들이 있다는 의미이고, "내게 손자가 있다" 하면 범상치 않은 손자가 있다는 의미이다.

맏형인 홍천민이 승지를 지냈다. 홍천민이 막내 동생에게 글을 가르쳤다. 한 번은 성민이 매우 슬피 울었다. 집안사람들이 왜 그리 슬피 우는지를 물었다.

"제가 공부한 지 여러 달이 되었는데 한 번도 종아리에 매를 맞지 않았습니다. 이는 제가 잘해서가 아니라 아버지 없이 자라는 것을 불쌍하게 여겨서 때리지 않는 것이니, 이 때문에 슬퍼서 울었습니다."

홍성민은 진사 시험에 1등하고 명경시에 급제하였다. 문장이 화려하고 문체가 간결했다고 한다. 벼슬길에 올라 대제학과 호조판서 등 높은 직위에 올랐다. 높은 지위에 올랐어도 천성이 담백하여 세속을 따르지 않았다. 선조가 나라를 위해 일한 가장 으뜸이 되는 상인 원훈에 올리려 했다. 그러나 홍성민 자신이 굳이 사양하고 2등을 받았다고 실록에 기록되어 있다. 상을 준다고 다 받는 것이 아니라 스스로 판단해 자기의 공적에 합당한 상만 받은 것이다. 명예에도 절제가 필요하다고 생각한 것이다.

"뜰에서 말리던 꿩은 어디 치우기라도 했소? 내내 안 보이는구려."

"……"

"아니, 왜 말이 없소. 무슨 문제라도 생겼소?"

"어르신, 정말 죄송하게 되었습니다. 제가 깜빡 한 눈을 파는 사이에 그만……"

"뭣이? 구차한 변명 따위는 필요 없소. 이게 어떤 꿩인데……"

"당장 꿩 한 마리를 구해 놓겠습니다. 그런데 이걸 어쩌지요. 어르신도 아시다시피 저희 형편이 말이 아니라서…… 괜찮으시다면 기르던 오리라도 가져다 놓겠습니다"

노인은 쩔쩔매며 머리를 조아렸다.

"되었소. 그만 시끄러우니 물러가시오. 내 참, 어떻게 이런 일이 다 있어, 글쎄……"

"어르신, 정말이지 몸 둘 바를 모르겠습니다."

김굉필은 짜증스러운 얼굴로 말을 끊었다.

"됐소. 됐으니 가 보시오."

조광조가 스승으로 모신 김굉필이 희천에서 유배생활을 할 때 하루는 꿩을 한 마리 얻었다. 김굉필은 유배지에서도 어머니 생각이 극진해서 그 꿩을 어머니께 보내려고 말리고 있었다. 포로 말리지 않으면 먼 길을 갈 수 없기 때문이었다. 어느 날 말리던 꿩을 고양이가 훔쳐 먹었다. 이를 알고 화가 난 김굉필이 꿩을 지키던 사람을 언성을 높여 꾸짖었다. 이 광경을 본 17세 조광조가 스승에게 말하기를 "어머니를 봉양하려는 선생님의 정성은 알지만 군자의 언사나 노기를 살펴야 할 일 아닙니까?"라고 지적했다. 김굉필이 후회를 하고 있던 중에 조광조의 지적을 받고는 "네가 나의 스승이요, 내가 너의 스승이 아니다"라고 말했다.

아버지가 돌아가신 후 묘소 옆에서 날이 춥든 덥든 눈이 오든 떠나지 않고 누가 찾아와서 우스운 말을 해도 웃는 일 없이 애통해 했다. 그 후에도 묘소 옆에 두어 칸 집을 짓고 시묘살이를 했다. 묘소 옆에 연꽃과 잣나무를 심고 자적하면서 어머니를 봉양하고 종일 자세를 흐트러뜨리지 않고 글을 읽었다. 무슨 일을 하든 자기 양심을 속이는 일이 없었다.

시간이 흐를수록 도학군자로서 조광조의 엄격성이 임금에게 부담스럽게 여겨졌던 모양이다. 학생에게 하듯이 임금에게 끊임없이 글을 읽고 자기 수양을 통해서 성현이 되기를 권하는 데 염증이 났던 것이다. 고지식하게 의로움을 추구하던 조광조는 임금의 그러한 심경 변화를 알지 못했다. 중종이 주위 사람들의 음모를 듣고서 동조한 것은 귀가 여린 탓도 있지만, 군자가 되는 것에 싫증을 낸 이유이기도 했다.

조광조는 사약을 받을 때에도 임금이 자신을 오해한 것으로 생각하고,
임금을 만나기만 하면 그 오해가 풀릴 것이라고 생각했다. 죽음을 앞두
고도 이러한 생각에 변함이 없었음은 임금에 대한 충성을 읊은 아래 시
에서 볼 수 있다.

임금을 어버이처럼 사랑하고
나라 걱정을 내 집 걱정하듯 하였노라
밝은 해가 이 세상을 굽어보니
나의 붉은 마음 환히 비추리

임금에 대한 충성을 버리지 않고 꼿꼿이 죽음에 임한 조광조는 사후에
성균관의 문묘에 배향되어 조선의 스승이 되었다. 임금을 현군으로 교화
하기가 얼마나 어려운 일인지, 개혁이 얼마나 많은 저항을 가져오는 일
인지를 조광조의 일생을 통해서 살펴볼 수 있다. 현세에 이루지 못한 정
신적 위업은 죽어 성균관에 묻힘으로써 도달했던 것이다.

# 아들을 급제시켰다고 시험관을 내쫓은 정승

정갑손은 태종임금부터 여러 대의 임금을 모신 사람이다. 용모가 웅장하다는 기록을 보면 키가 크고 체구가 장대했던 모양이다. 기량이 넓고 관대한 인품으로 여러 대 재상을 지냈으면서도 집에 재물이라고는 아무것도 없었다. 정갑손이 함길도 관찰사로 있다가 임금의 부름을 받고 서울에 예조판서, 오늘날의 교육부 장관으로 부임해 왔다. 예조에서는 학교와 과거시험 등을 관장했다. 마침 그때가 과거 발표 날이었다. 그의 아들 정오가 과거에 응시했는데 합격자 명단에 들어 있었다. 이를 본 정갑손이 화를 내면서 당장 시험관을 불러서 "네 이 고얀 사람! 너마저 나에게 아첨하려고 하느냐? 내 아들 오는 아직 학업의 기초가 제대로 잡히지 않아 미숙하기 이를 데 없거늘, 어찌하여 아들을 급제시켜 나를 속이려 드는가?" 하고 크게 꾸짖고는 그 시험관을 관직에서 내쫓았다.

# 종씨인 이이를 정승이라고 만나지 않은 이순신

유난히 곧은 성격으로, 무과에 급제한 뒤에도 그 누구에게 청탁하거나 아부하는 일이 없이 일생을 마친 장수가 있었다. 바로 이순신이다.

"내 자네의 비범함은 익히 들었네. 이렇게 마주 대하고 보니 과연 듣던 대로구만."

"부끄럽습니다."

"다른 일이 아니라 내게 과년한 딸이 하나 있네. 아마도 자네에게는 좋은 배필이 될 수 있을 걸세. 부친께는 이미 알렸네만, 자네 의향을 묻는 걸세."

"……"

"자네도 나이가 찼고 하니, 각별한 사유가 없다면 내가 나서서 일을 추진하겠네."

"김 판서 어르신, 저로서는 참으로 황송하고 과분한 자리입니다. 판서 어르신께서 저를 좋게 보시고 그런 결정을 내리신 것은 영광이 아닐 수 없습니다. 허나……"

"무언가?"

"제가 처음 벼슬길에 나서서 어찌 권문세가에 기대겠습니까?"

이순신의 비범함이 널리 알려지자, 당시 병조판서 김귀영은 이순신을 사위 삼으려고 했으나 이순신은 단호하게 벼슬길에 나선 이가 세도가에 기댈 수 없노라고 사양했다.

당시 이조판서로 있던 사람은 이이였다. 그는 이순신의 명성을 듣고 만나기를 청하였다.

"그의 명성이 자자하고, 또 그는 나의 종씨이고 하니 한 번 만나봐야겠군. 그에게 한 번 만나자는 전갈을 보내거라."

그의 면회 요청을 전해들은 이순신은 사양하면서 이렇게 말했다.

"종씨 관계를 생각하면 저도 만나 뵙고 싶지만, 한 나라의 인사권을 잡고 있는 이조판서이시니 아무리 생각해도 만나기가 꺼림칙하군요."

주위 사람들은 가만히 고개를 끄덕였다.

# 자기를 청탁한 것이 탈락을 불러와

　명종 때 이조판서 이후백은 자신이 아는 범위 내에서 쓸 만한 인재를 추려서 비망록에 기입해 두고 기회가 닿는 대로 임금께 추천하고는 했다. 하루는 한 친척이 와서 공직에 오르도록 해 달라고 청탁을 했다. 이 판서는 안색이 변하며 책자를 꺼내 보이니 친척이 자기 이름도 그 안에 들어있는 것을 보고 기뻐했다.

　이 판서는 "내가 이제껏 바라던 것이 있었는데 그것이 잘못된 것을 오늘 알았네. 나는 때를 보아서 자네를 추천하려고 했는데 이제 자네가 몸소 와서 벼슬을 청하는 것을 보니 그 인품을 가히 짐작할 수 있다. 세상에 청해서 되는 일이라면 못할 사람이 어디 있겠나? 벼슬의 길이란 담담해서 구차로운 데가 없어야 하는 것이네. 아깝게도 자네의 말 한마디로 벼슬길이 막혔으니 이제부터 아예 단념하는 것이 옳겠네."라고 말했다.

　이 판서는 말단 벼슬이라도 본인의 인품과 능력을 가늠해서 기용했으며, 그가 기용한 인물이 무슨 잘못을 저질렀을 때에는 며칠 동안 식음을 전폐하고 자책을 했다.

# 임금의 그릇에 따라 대접받아

윤사분은 세조대왕의 왕비인 정희왕비의 친동생이다. 성종 때 중국에 보내는 글월을 가지고 사신으로 갔다. 권경유가 그를 모시는 서장관으로 동행했다.

당시 정희왕비는 대비였다. 윤사분이 누님의 권력을 믿고서 재물을 탐한다는 비방을 듣고 있었다. 중국에서 돌아오는 길에 의주에 닿았을 때 권경우가 그 재물을 모두 가져다가 임금에게 바치고 불법을 저지른 사실을 알렸다. 성종이 윤사분을 형법으로 다스려 사형에 처했다. 정희대비도 동생의 목숨을 구하지 못했다. 성종임금은 권경유를 발탁하여 시종을 삼았다. 권경우는 임금의 총애를 받았다.

권세가들이 중국에서 물건을 가져오면서 국경에서 세관원을 둘러싸고 실갱이를 벌인 동일한 사건이 있었다. 명종임금 때 어사인 김덕곤은 꼿꼿한 사람으로 기개와 절개가 있었다. 중국에 갔다오는 역관들이 청탁을 하면서 금수물품을 많이 가지고 오면서도 궁중에 들어갈 물건이라고 하면서 조금도 두려워하지 않았다. 김덕곤이 매우 분개해서 "이럴 바에야 수색검사는 해서 무엇 하겠는가?" 하고는 가져온 물건을 다 모아서 불태워버렸다. 이 사실을 역관들이 돌아와 말하니 궁중에서 모두 김덕곤에게 이를 갈았다.

홍인경이 이 일을 알고는 탄복하여 김덕곤을 이조의 낭관에 추천했다. 명종임금이 몹시 화를 내면서 "이와 같이 미친병 가진 자를 누가 추천했느냐?" 하고 홍인경을 옥에 가두었다.

똑같은 상황에서 성종과 명종이 대응한 방법이 정반대이다. 성종이 올곧은 신하를 소중히 여겼던 반면에 명종은 그렇지 못했다. 명종은 어려서 즉위한 후 어머니 문정왕후와 외숙인 윤원형의 그늘 밑에서 허수아비 임금 노릇을 했다.

윤원형은 서울에 큰 집 10여 채가 있었고, 그 집안에는 재물이 넘쳐나 궁궐처럼 화려했다. 본처 김씨를 내쫓고 첩 난정을 아내로 삼아 그녀를 사랑하여 그녀의 말이면 다 따랐다. 사치한 난정이 충동질을 하여 윤원형은 뇌물을 받아들이고 수탈한 것이다.

참고문헌

김시양金時讓, 『부계기문 涪溪記聞』

김시양, 『자해필담紫海筆談』

김시양, 『하담파적록荷潭破寂錄』

남효온南孝溫, 『사우명행록師友名行錄』

남효온, 『추강냉화秋江冷話』

서정억徐廷檍, 『고금청담古今淸淡』 서울: 성화사, 1978

사마천司馬遷, 『사기열전史記列傳』

성낙훈成樂熏·민병수閔丙秀 편저, 『한국명인언행록韓國名人言行錄』
  서울: 진명문화사

신흠申欽, 『상촌잡록象村雜錄』

윤태영·구소청 공역, 『이조오백년야사李朝五百年野史』
  서울: 대일출판사, 1984

윤최식尹最植, 『일용지결日用指訣』 1880

이가원, 『이조명인열전』 서울: 을유문화사, 1965

이건창 외, 박석무 편역, 『나의 어머니, 조선의 어머니』
  서울 : 현대실학사

이순형, 『한국의 명문종가』 서울: 서울대학교출판부, 2000

이이李珥, 『석담일기石潭日記』

이육李陸, 『청파극담靑坡劇談』

이은상李殷相, 『조선사화집朝鮮史話集』

임보신任輔臣, 『병진정사록丙辰丁巳錄』

정옥자, 『우리가 정말 알아야할 우리선비』 서울: 현암사, 2002